台灣書房

台灣書房

悅讀
台灣俗諺

陳華民　著

悅讀台諺・更愛鄉土——自序

俗諺俚語，乃人類智慧，

及生活經驗所得之簡練精闢短語，

它反映了一個時代，

及民族之生活觀照、感受、智慧、經驗和特性。

俗諺，閩南語稱「俗語話」，或更口語的說成：「古早人講……」。它每每在庶人的說話對談中，不經意的蹦出，不用遣詞造句，便能造成一針見血的功效。連雅堂在其《台灣語典》中便提及：「俚言俗諺，聞之似鄙，而每亟眞理，古今談論，每援用之……。」

在我們成長的過程中，它總是時不時地在耳膜中響起，想想小時候，父母常掛在嘴中的：「囝仔人有耳無嘴」，進入社會工作，前輩說的：「江湖一點訣，講破不值錢」，追女孩時，你是不是也如此自我勉勵過：「戲棚仔腳，站久人的」，嗨！多啦！原來俚諺俗語是如此親密的伴著我們長大的。

所以，我們可以這麼說：俗諺俚語，乃人類智慧及生活經驗所得之簡練精闢之短語，它反映了一個時代，及民族之生活觀照、感受、智慧、經驗和特性。

它是豐富而多彩多姿的，是先民人生經驗累積而來的智慧。

它有警訓者，如：「在生一粒豆，較贏死了拜豬頭」。

有勸勉的，如：「做牛着（要）拖，做人着磨」。

有訓戒的，如：「好天要（ㄞˋ）積雨來糧」。

它可以世故，如：「棚頂做到（ㄍㄚ）流汗，棚腳嫌到流涎（ㄋㄨㄚ）」。

可以諷世，如：「散鬼眾人驚，做婊坐大廳」。

也可以自嘲，如：「七遇（ㄉㄨˋ）八着，串遇遇着硓砧石」。

更可以諧謔，如：「做代誌，那親像桃花過渡，吃着飯，干那武松咧打虎」。

如此深微要妙的短言片語，光唸起來都叫人會心一哂，自然印入腦中，「每援用之」了。

近年來，有關台灣各類文史書籍不斷出版，早成顯學，而俗諺俚語更在有心人士的廣爲搜羅彙編下，可謂汗牛充棟，猗歟盛哉。但有關具故事性之俗諺，卻較爲少見。

本書以故事性諺語爲主軸，除了爲每則俗諺尋根探源外，並對日常使用的俚語做趣味性的探討鋪陳。

這些故事概括了先民的風俗習慣，地方特性，及常民對身邊事物的價值取向，經由這些篇章，我們可以更加瞭解台灣歷史之變革，以及各族姓間的互動，與老百姓的幽默風趣表現，那股屬於常民百姓活蹦亂跳的生命力，從每則俗言俚語中，躍然紙上，相信會對讀者產生智慧的靈動，而從中獲得啓發。

悅讀這一則則的俗諺，常讓我不覺對這片豐饒的土地，產生認同與珍惜，相信您也能同我一樣，畢竟我們生於斯，長於斯，對這片土地的熱愛，是無容置疑的。

目次

艋舺篇

頂港篇

府城篇

庄頭篇

艋舺篇

咸豐三，講到擔

【俗諺輕鬆講】

咸，音Ham；擔，閩南語借音字，音ㄉㄚ°（da^n），「現在」之意。咸豐三，指咸豐三年（一八五三年），艋舺開埠以來，第一次分類械鬥「頂下郊拚」。

這句俗諺至今仍會有人言起，指一個人經常炒冷飯，將陳年往事拿出來大吹大擂一番，便可譏之為：「咸豐三，講到擔！」

【故事說從頭】

艋舺是一個純泉州人聚集的商業街市，泉州五縣晉江、南安、惠安，通稱「三邑」，他們最早移入，大都住在沿岸一帶，三邑地理位置在泉州府北陬地，故稱「頂港」，此地之郊商乃稱「頂郊」。同安人較晚移入，同安縣為廈門港之腹地，對照泉州港，乃稱「下港」，與之對口之郊商則稱「廈郊」[1]。他們移入稍晚於三邑人，大都住在艋舺東邊，即今天的老松國小一帶，地號叫「八甲庄」。安溪人則混居其間。

艋舺本身既是靠郊商繁榮的街市，因此，船頭行林立，大小船舶出入的碼頭，自然是人人爭奪的地盤。這些碼頭由三邑人中黃、吳、林三大姓的苦力各劃分勢力，各有各的角頭，互不侵犯。

1 郊：閩南語做買賣叫「交關」，加上右耳之「郊」字，便用來做為「商行」之代用字。「廈郊」即「下郊」，「廈」通常做為「下」之代用字。

而同安人要同原鄉的廈門港通商，必然要使用碼頭泊船，因之，便跟三邑人時常起衝突，最後引發了大規模之械鬥，於是三邑人以黃龍安、林森、林三和爲首；下郊人以林右藻（連環頭）、陳柳爲首，相互廝殺起來。

剛開始，由於八甲庄與艋舺之間布滿池塘，中間只有小路可通，加上同安人頗爲團結，頂郊人屢攻不入，吃了大虧。

於是，改採迂迴策略，想由側面之大路攻進，但這中間正好有座安溪人的「祖師廟」橫亙其中，乃找上安溪頭人白其祥[2]商量，安溪人不想得罪任何一方，爲保中立，便巧妙的說：

▲位在康定路上的「祖師廟」，在「頂下郊拚」時，曾遭焚毀。（唐昀萱攝）

2 白其祥：本名隆發，為安溪頭人，故人稱「隆發頭」。白氏經營染房生意，店號「白棉發」，光緒十年（一八八四年），「西仔反」，白氏舉薦木柵「小刀會」會首張李成禦敵有功，獲劉撫台宴勉；乙未割台，出任民主國副議長，事敗，始歸安溪，卒於宣統二年，得年七十九歲。

「拆廟是不可能，不過，若碰到『天災』就難說了！」

三邑人一聽，立刻選了七名敢死隊員，利用靛桶，裝滿引火物，從大溪口[3]碼頭，一路推到祖師廟，燃起火來，將廟給燒了，於是，頂郊人馬便取道攻入八甲庄，將同安人全部趕出艋舺，退往「奇武卒」（後之「大稻埕」）。

事後，三邑人忙於重建，無力蓋還「祖師廟」，仍然由安溪人自行建廟，三邑人只捐獻一對石龍柱而已。

此次之「頂下郊拚」，及之後咸豐九年（一八五九年）的「漳泉拚」，艋舺地區死傷者頗衆。嗣後，由艋舺鄉紳黃朝陽[4]倡議，在龍山寺旁建廟祭祀亡魂，廟曰：「五泉廟」，取泉州五縣之意，該廟後來毀壞，淪為「乞食寮」，就是通稱的「頂寮」。

3 大溪口：今淡水河第一水門附近，與「歡慈市」同為艋舺最早開發地區，地名源於大嵙崁溪（今大漢溪），與新店溪在此處匯流，河面加大故。

4 黃朝陽：本名「三桂」，人稱「三桂官」，閩人對有錢之頭人皆加上個「舍」，而「官」，乃指其有「功名」、「官銜」也。乾隆五十二年（一七八九年）「林爽文之亂」時，北淡林小文響應之，黃三桂募勇阻於新庄，並殺賊首劉長芳，事平後，當局上文稟奏乾隆皇帝，說其「一日平海山」。「海山」乃新庄地區通稱。意指其在一日之內平定新庄叛賊，乾隆皇帝不諳台邑地名，以為「三桂官」在一日之內戡平海陸兩路叛亂，大為嘉許，恩賜其「黃馬褂」。黃氏住處舊地號曰「大厝口」，址在今華西街三十七號。

第一好張德寶，第二好黃阿祿嫂，第三好馬笑哥

【俗諺輕鬆講】

號稱「一府二鹿三艋舺」的蚊甲商埠，隨著景氣的活絡在道咸年間，產生了好幾個富戶，這是當時用來形容艋舺三大「好額人」[1]的俚諺。

【故事說從頭】

「張德寶」爲郊商行號，店東張秉鵬，原名「張泡」，泉州土門外法石鄉人，幼失怙恃，就食兄家，未幾兄亡，嫂攜幼子改嫁，秉鵬年十七時隨鄉人「唐山過台灣」來到艋舺，受雇於某商行，充作廚役。秉鵬爲人勤儉忠厚，受某船長照顧，以積蓄投資郊行，漸獲巨利，行主見其可靠，乃提拔爲行員，隨船押貨，往來台泉之間倒也順利，而後自立門戶，行號叫「張德寶」。

「張德寶」的發跡，傳說跟當時縱橫台閩的海盜蔡牽有關。話說有一年，張秉鵬押貨自泉州回台海上，猝遇海盜蔡牽洗劫，並將其縛於船上，張正喃喃自語、自怨自艾遭此災難，適蔡妻張氏出，偶聽其言，頗表同情，乃以姑侄相稱，要蔡牽將船貨發還秉

1 好額人：有錢人、富翁之意。這裏額（音giat），指「金額」的額，閩南語中「有額」，就是有錢之意。

鵬，並且賜給他一面黃旗爲誌，秉鵬因禍得福，從此往來台閩，暢行無阻，遂成巨富。

張秉鵬發跡後，廣置田產，並且在「雞母厝」[2]建一豪邸[3]。

張秉鵬於六十八歲時逝於故鄉，產業分與五子，各立五行——德寶、德春，德吉、德裕、德利。後因港口漸次淤塞，淡水河航線移至大稻埕，張家亦漸沒落。

「第二好，黃阿祿嫂」，故事見〈庵草祿叔公〉一文。

▲艋舺「好額人」都因從事兩岸貿易致富。（內文插畫／陳華民）

2 雞母厝：今西寧南路、內江街口一帶，早前多為荒埔，所謂「雞母厝」，應該是此地長滿「雞母珠」，日據時改稱「壽町」二、三、四丁目。

3 張德寶大宅：張秉鵬發跡後蓋的大宅院，在今內江街台北護校址上，坐東向西。面淡水河之「帆寮口」，前有河溝，內有竹圍、石牆，兩邊構築槍樓四座，基本上，就是個城堡，這是當年拚鬥不斷的地方現象產生的建物，此大宅在日人入台後，被強制徵收，改建成「女子高等普通學校」，光復後，改為「台北護理學校」。

「第三好，馬笑哥」，故事見〈氣死吳阿抄，笑死王阿老〉一文。

關於「第二好」，黃家的事業，其實由黃祿一手建成，句中不稱「黃阿祿」，反提「黃阿祿嫂」，並非祿嫂勝過黃祿，主要是求個「押韻」，俗語話中叶韻極為重要，蓋唸起來順口也，這也是其能廣為流傳之主因。

縱觀道咸年間艋舺這三大富戶，其出身各自不同。張秉鵬乃一孤兒，秉性忠厚，成功全靠勤與誠；黃祿基本上則是個「無賴漢」，卻也因緣際會，靠著幾份運氣與江湖義氣而有所成。而「馬笑哥」王則振，跟他們兩人完全不同，他是個富家子，父親時代已是艋舺富商，而王則振本人待人熱忱，經常是笑容滿面的，故人人樂於與其親近，自然幫助不少。

可以這麼說，張秉鵬富「骨氣」，黃祿有「霸氣」，王則振靠「人氣」，人生此三氣能得其一，不富也難矣！

庵草祿叔公

【俗諺輕鬆講】

庵草與黃祿，皆艋舺人，兩人爲堂兄弟；這句話中，將黃祿提高了一個輩份，用來指人「重富欺貧」之意。

【故事說從頭】

黃祿，人稱「黃仔祿」（或寫成「黃阿祿」），艋舺大溪口人，生性放蕩不羈，不事生產，整天遊手好閒。

當時艋舺龍山寺後「配運館」[1]一帶，爲妓院集中地，有一新庄來的富商，在宴飲中，得罪了當地土豪，怕回新庄途中遭到報復，老鴇乃央求黃祿護駕回庄，一行人走到「港仔嘴」渡口[2]爲土豪攔路問罪，黃祿上前厲聲道：

「今天我黃某人受人之託，保護這位大爺回庄，各位看在我的面子上，放過一馬，如果不怕死的，上前拚試看看！」

來人看他氣勢不俗，知道碰到硬傢伙了，於是撤人讓路。

富商回新庄後，給了黃祿一百塊錢爲謝禮，黃祿有了這一百塊，天天在直街仔[3]賭窟豪賭，眞是狗運亨通，竟讓他又贏了三千多塊。

1 配運館：艋舺當轄下之單位，負責官田租、官糧之繳納、發放，及軍米海運配送之驗照等事。

2 港仔嘴：為大料崁溪與新店溪交會處沖積之沙洲，今名「江子翠」。

3 直街仔：直街仔是俗稱，街名叫「直興街」，由原媽祖宮向東，至土地公廟間，今貴陽街二段，西園路與西昌街間這一小段，有清時，為艋舺著名的賭場集中地。

有一天，有個在內山製腦的舊識無意間碰到黃祿，知他已非吳下阿蒙，因自己無心經營，乃將事業轉讓給他。當時樟腦採集，須深入內山，人多不願前往，而經營者大都爲江湖中能叱起咤落輩，而黃祿恰如其份，有辦法將一些亡命之徒，送到內山幫他工作，因此，業務蒸蒸日上，終成巨富。

黃祿出身江湖，本身養有十三名護院，皆武藝高強輩，當時人稱「十三王爺」。

黃祿有個堂兄弟，名喚「庵草」[4]，有一次，有人前來找黃祿，在宅前碰到庵草，便向他探問道：「你祿叔公仔在厝否？」

庵草當下氣得半死，事後向人提起：「人窮，連輩份都給降了一級！」

後來有人「欺貧重富」，「看高無看低」的作爲，便呼之曰：「庵草祿叔公！」

黃祿早逝，家業由黃祿嫂接掌，一樣幹得有聲有色，道咸年間，黃家乃艋舺第二大富戶，所謂：「第一好張德寶，第二好黃阿祿嫂，第三好馬笑哥」也。

▲被關在站籠枷號示衆的黃庵草。

4 黃庵草個性亦不輸他的堂兄弟，發生在同治六年的洋商寶順洋行艋舺「租屋風波」，便是由他率衆把洋人「打到走無路」，逼得英國人派軍艦前來示威，同知富賀樂不得不同洋人妥協，黃庵草等為首的四名「暴民」，最後被判在廳署前枷號一個月。

氣死吳阿抄，笑死王阿老

【俗諺輕鬆講】

吳阿抄，即「吳源昌」第二代店東吳吉甫，通稱「吳抄伯」；王阿老（老，讀音「ㄋㄡˋ」，此處轉音成「ㄌㄡˋ」），即大名鼎鼎的「王益興」店東王則振，人稱「馬笑哥」。

這裡的「阿」，可寫成「仔」，發音爲上聲滑入短音節。在民間，對於有錢人，表面上叫聲「吳抄伯」，背地裡卻稱之爲「吳仔抄」，如：「李仔春」、「辜仔榮」等皆是，名字裡加上短音之「阿」，雖爲閩南語發音上之習慣叫法，多多少少，含有些許的「酸葡萄心理」。

這是流行於清代艋舺之地域性諺語，以兩種截然不同性格之人物並稱，說明以火冒三丈「卜卜跳」，跟笑臉迎人「笑微微」處理事情，其實都一樣，事情總是要解決的，「氣死驗無傷」，何苦來哉？惹人笑話而已！

【故事說從頭】

吳阿抄的老爸，就是俗諺中：「較衰吳志」的吳志伯。吳抄伯承繼先人的北郊「吳源昌」，生意作得不輸其父，不過，他有一個缺點，個性暴躁、脾氣大，每遇拂逆事，

1 馬笑哥：〈陳按〉王則振，本名「馬笑」，故人稱「馬笑哥」；閩南語中，通常一個字皆有口語音與讀冊音之不同。口語音，乃一般說話，如「笑」，語音「ㄑㄧㄡˇ」；而讀冊音，則指特殊名詞，或詩詞歌賦上用之，「笑」，讀音則為「ㄑㄧㄠˇ」。由於發音有異，故很多方志上，將「馬笑哥」，寫成「馬悄哥」，悄，訛寫也。此外，馬笑哥其兄長名「馬赤」，赤，即「赤爬爬」，凶巴巴之意（今人或寫成「恰北北」），依台人命名習慣，馬，可能是祖母也。老大生下來哭鬧不停，阿媽說他「赤爬爬」，故叫他「馬赤」，老二乖多

常常大發雷霆，所以員工都躲著他。

而馬笑哥的個性正好相反，生性樂天，待人接物平易近人，經常是笑咪咪的，所以才叫「馬笑哥」或「馬笑頭」。[1]

他是艋舺俚諺：「第一好張德寶，第二好黃阿祿嫂，第三好馬笑哥」中的艋舺第三「好額人」，由於他這種個性，許多地方上之糾紛、爭端，常找他出面「做公親」[2]，皆無不圓滿解決，所以又有：「第一賢[3]，馬笑頭」之諺。

事情源於這兩個艋舺鄉紳互結兒女親家，吳家允將女兒嫁與王家，此一門當戶對的婚事，雙方自然分外舖張，辦得風風光光，吳家以豐盛的粧奩送過去，並要求王家完聘之禮不得馬虎，如此面子才足，誰知道王家送過來之完聘禮並不如人意，吳抄伯一看，氣得吹鬍子瞪眼睛，大發雷霆，馬笑哥卻是山崩於前，依舊不改本性，哈哈大笑道：「不要生氣，不要生氣，有話好說，有話好說，哈哈哈……。」

就這樣，事情一傳開，艋舺又多了一句俗語話：「氣死吳阿抄，笑死王阿老！」

想想，「人生海海」，「氣死驗無傷」，笑一笑，什麼事也沒有，豈不順當。

▲艋舺「北（剝）皮寮」舊街。（陳華民攝／一九九八年）

了，又「笑吺吺」的，阿媽一高興，乃笑稱「馬笑」：這是我的推測，應該近乎不遠。

2 做公親：閩南語稱居中調解，當魯仲連叫「做公親」。

3 賢：這裡唸Gao，行、有辦法、能幹之意。

泉北郊雀雀着，較輸大腳卻仔一粒蹺

【俗諺輕鬆講】

郊，是「郊商」，相當於現在的進出口貿易商，泉郊，以對泉州貿易為主；北郊，則走浙江、上海路線。着音ㄉㄧㄡˊ；雀雀着，猶言「忙得團團轉」之意。

「大腳卻仔」為凹斛仔街妓院老鴇，卻，「撿」之語音俗字，音kiˇyo。卻仔因為沒綁小腳，所以綽號「大腳卻仔」；蹺，是閩南語借音字，從「虫」字邊，表示它與蚵、蠔等一樣，屬「海產類」，讀如「堯」之轉音，唸成Gio。「蚌」也，以蚌殼張開露肉狀，象徵「女陰」；這裏「一粒蹺」，雖指「一個女人」，但不可亂用，它是專指躺著賺錢的女人而言，語極輕蔑。

此諺說「泉北郊」，上海、泉州整年忙得團團轉，卻比不上大腳卻仔那粒蹺，暗諷「豎著走，不如躺著賺」也。

此諺前輩採諺者寫成「泉北郊拍拍走，較輸大腳卻仔一粒蹺」，「拍拍走」音「ㄆㄚˉ ㄆㄚˇ ㄗㄠˋ」，「走」與「蹺」未叶韻，應該是訛寫，故筆者改為「雀雀着」。

【故事說從頭】

中元普渡拜拜，向來是民俗活動的一大盛事，清代時艋舺街上，更是各行各業懸燈結綵，大張盛宴，互競奢華。

有一年，凹斛仔[1]妓院老鴇「大腳卻仔」，亦說動嫖客出金設宴演戲，與泉北郊商拚場，竟然獲得優勝，因而產生這句俚諺：「泉北郊雀雀着，較輸大腳卻仔一粒蟯！」

另有一年，由「水仙宮口」[2]妓戶奪魁，又產生了另一句：「全街雀雀著，較輸水仙宮口三粒蟯！」之諺。

在現今競逐奢華的社會風氣來看，「三條茄，不如一粒蟯」的感嘆，應該是「笑貧不笑娼」的病態現象之諷刺吧！

1 凹斛仔：地在早前「芳明館戲院」至劉姓家廟間，今華西街寶斗里公娼區之窄巷即是，由於這一條巷子如人之肚皮凹入狀，故名。

2 水仙宮口街：今桂林路、西昌街口一帶，水仙宮祭祀大禹等水神，乃船員祭祀廟，故附近多妓院，後廟圮，每建不成，董事必亡，傳說此地乃「葫蘆吞劍穴」也。

另外，以前揚州有句俚諺說：「人到揚州老，船到儀徵小」，這是一句對比性的話，儀徵是長江上下游大小船隻匯集處，跟人家的大商船比起來，自己的船自然顯得小，而揚州乃鹽商聚集地，風月極盛。人到了此旖旎之鄉，才真恨自己「老啦」！這話有點像今日大陸順口溜說的：「到了上海才知錢少，到了海南才覺人老」。

揚州姑娘風情如何引人遐思呢？看看這一句：「揚州大姐花褲腰，腳小玲瓏紅繡蹺」。

朱介凡先生提到此諺，說他「向許多揚州朋友打聽，他們卻只是笑笑不肯往下說，其中硬是有些綺麗似的？」

我想，這「紅繡蹺」不曉得同咱們艋舺的「一粒蟯」可有些近似？畢竟揚州話、蘇州話同閩南語有些相通，蓋皆保留了明代之南音也。

一錢二緣三水四少年

【俗諺輕鬆講】

錢，指金錢；緣，緣份；水[1]，漂亮之意；少年，年紀輕，青春少年家也。

這是清季艋舺煙花界的流行語，講的是要在「藝旦間」開[2]查某的必備條件，它還有續語：「五好嘴，六拚死，七皮八綿爛，九跪十怙晟」[3]。套句現代的說法，就是「酒店把妹十招」。

【故事說從頭】

艋舺是清代「泉州三邑人在台灣所建」第三個商業城市，所謂「一府二鹿三艋舺」[4]，船檣來往兩岸，商業鼎盛，有了錢，就有了閒，跟著也就有了打發錢與閒的花柳街了。

最早是在渡頭附近的「凹斛仔」，有人找來幾個庸花俗蕊開起「查某間」，供碼頭那些苦力發洩，漸漸地愈開愈多，竟成艋舺一景。

到了同治年間，有些聰明的樂戶，見那些郊商每每到了廈門的藝旦間，常常一擲千金，歡宴竟日，認為與其賺苦力的小錢，不如賺富商的大錢。

於是，從內地請來絃師、藝旦，將原來的棚寮改建成樓房，營起藝旦間的生意來，

1 水：讀音Sui，例如「秋水」唸Chiu-Sui；再就日語「音讀」水唸成Sui，可見漢音水，就是唸成Sui，禮失求諸野，畢竟人家不像咱們政權一再更迭，遼、金、蒙、滿多種北方蠻語一再滲透，自然會改變。

2 開：這是今人的「國語借音字」，在明人的小說中「ㄎㄞ」寫成「闞」，這大概是會意字，把錢敗光也。

3 好嘴，嘴巴甜；拚死，指認定了，就要追到底；皮，死纏活纏；綿爛，無時無刻出現在對方面前；跪，裝奴才；怙晟，千求萬求，晟，音ㄐㄧㄚˊ。整句之數字一、二唸讀音yit li，三、四唸語音sa^n sih。ㄚ或a^n，乃鼻化韻母

一時蔚爲風潮，由新店頭、粟倉口，一家家的往水仙宮口街發展。

這些藝旦都是從小抱來調教的，個個三寸金蓮，頗泛桃花，彈琴娛客，爭妍鬥媚，難怪那些富商阿舍，無不魂迷色陣，「好嘴拚死，綿爛怙晟」去討藝旦的歡心，只因爲人家強調的是「賣面不賣身」、想一親芳澤，不使出渾身解數怎行。

艋舺的藝旦大都在「藝旦間」接客，當時流行「南管」，名妓有飛鳥花、東興閣、紅綢等。到了劉銘傳主政時，北里群芳便改學「北管」以媚客了。

光緒十七年，有個來台尋館的補爺，在他的《台遊筆記》中，記錄了一段他到艋舺藝旦間尋歡的文字：

余所居客店曰：「寅賓館」，屋尚清潔，值連雨，恆與麴生（酒）為友。一日，邀四弟飲於秀英妝閣，與緻頗好，飲紹興酒四觔，尚無醉意。秀英強余唱京曲數齣，合座為之擊節。曲終，口占三截句以誌之。秀英能操官話，品尚不惡。

由這篇文章，可見當時藝旦風華之一般了。

▲名士挾妓遊宴，古人視為風流雅事。（元明雜劇選本《賽徵歌集》插圖）

（半鼻音）之音標符號，音同閩南語內餡、肉餡之「餡」字音。

4 這句俗諺常被說成「清代台灣三大都市」，這樣的說法是有待商榷的。難道作為縣、廳城的鳳山、嘉義、彰化、竹塹皆比不上鹿、艋二市？這句俗諺尚有後續，整句為：「一府二鹿三艋舺四鹽水五寶斗」，寶斗舊稱「寶斗厝」，日人將它改為「北斗」，在彰化縣，這五個城市，皆清代時「泉州三邑人」在台灣所建之商業城市。

一次激子弟，二次照古例

【俗諺輕鬆講】

這句俚諺，整句是：「一次激子弟，二次照古例，三嘜餓飽吵，四嘜踣落眠床腳，五嘜招伊見阿爸」[1]。

激，借音字，「裝扮」之意；子弟，指有錢人家的少爺；嘜，泉州音一次叫「一嘜」；踣，音ㄅㄨㄚˇ，跌倒[2]。

這是在描繪逛藝旦間的阿舍眾生相。

第一次上藝旦間要裝得像有錢人家的少爺，以博取藝旦的好感，第二次照上次那樣，繼續裝標裝闊，到了第三次，相互間也熟了，便原形畢露，吵著要跟人家上床，而第四次再也忍耐不住，想來個霸王硬上弓，反被對方一腳踢下床。第五次，只好改變戰略，說要帶人家回家見老頭，意思是少爺玩真的，一定將妳娶進門——我們先上床吧！

這是紈袴子弟「闞查某」的五部曲，恰如閩南話說的「奧步盡展」，無非想一親芳澤也。

【故事說從頭】

藝旦，講的就是藝，琴棋書畫都得會一點兒，畢竟這是風雅事，顧曲周郎不是王孫

1 一、二嘜讀音yit li，三、四、五嘜語音sa^n si gō。最後一句前輩採諺者書「招伊見頭家」，不叶韻，「見頭家」更不知所云，故改之。

2 閩南語，一次說成「Zi Mai」，所謂一擺、一蓋，皆阿本仔佔領台灣後教出來的「日式台語」。「踣」，國語注音ㄅㄛˋ，跌倒，有人將之寫成「跋」，訛寫也，「跋」不只沒倒，還拚命的往上爬——跋山涉水。

公子，也是鄉紳士子。

藝旦（俗寫「藝妲」）居處，通稱「藝旦間」，逛藝旦間是要給纏頭的，藝旦會先捧出煙盤招呼，謂「點煙盤」，客人則將錢用紅包包好，放在盤中，稱為「壓煙盤」。

艋舺頂新街「配運館」附近乃藝旦間集中地，這兒強調「賣面不賣身」，她們走的是上海「書寓」之路線，藝旦要琴會彈，歌會唱，南管、北管、小曲都得學，才能應付不同的客人。

而那些恙頭子弟，「上大人，孔乙己」都沒唸好，挾著自己是「富二代」身份，也跑來藝旦間裝標擺闊，藝旦交往的人多了，眼界跟著也就高，當然看不起這種草包型的阿舍，急得咱們這位恙子弟「餓（ㄧㄠ）飽吵」，想抱人家上眠床，當然「吃緊弄破碗」，「竹簍打水一場空」了。

艋舺煙花界有一首流行的「歌仔」，便是在描寫這種情境，歌曰：

一見娘面就起憨，甘心傢伙打相參，美娘在笑頭不點，句巧適來洪以南。[3]

洪以南是士治後街「洪合益」商號洪騰雲之孫，有錢有才，每次宴飲即席贈詩歌妓，情緻綺旎，艋舺藝旦都以能獲得洪秀才的詩為榮，難怪這些「罔仔阿舍」們要怨嘆自己沒有洪以南的詩才了。[4]

尋芳遊蜂與藝旦在酒籌歌板中，乘興賦詩記盛，是極普遍的事，尤其乙未鼎革後，失意文士斷了功名路，學了半輩子詩文，抵不上人家的「阿伊烏哀歐」，只有訪妓賦詩尋點慰藉了。

昭和十年（一九三五）五月十六日發刊的《風月》報上，登載一則《阿珠女校書宅

3 憨，音gan，把持不住自己；在，音ㄉㄟ；以，音ㄨ；點，音Dam；美，音Sui。

4 故事見拙著《台灣野史小札》之〈艋舺花間排歸列〉。

小集》聯吟[5]，可見當時綺旎風光之一斑：

浪遊不管夜將闌（青蓮）
萬事何如酒盞寬（小魯）
春散衣香留畫閣（阿珠）
月移花影轉迴欄（少濤）
高吟未必能諧俗（笑花生）
綺語從來易鏤肝（荷生）
十二街頭扶醉遍（劍窓）
徽歌莫漫笑狂歡（林華）

5 阿珠，綽號「烏貓珠」。第三號《風月》有笑花生的一則小記曰：「烏貓珠：芳齡雙十，樹艷幟于稻津（大稻埕），體態輕盈，嬌憨可愛，故有『烏貓』頭銜，暗示非拜金主義者，行動自由，其媽不加拘束。往日××遇之於跳舞場中，己贈與『交際花』口號，察其現在動靜，可稱花界裡之一朵自由花也」。

新查某，舊××

【俗諺輕鬆講】

以前人比較「閉塞」、「古意」，碰到淫邪不雅的文字，常以「××」代替，這裏的××指女性的生殖器，現代人則以英文字「GY」代之。

這是嫖界常用的一句話，用來形容那些改花名跳槽重豎艷幟的趁食查某。都市的夜街，最常碰到「三七仔」拉著你的手說：「少年仔，入來內底，我介紹一個新的乎你。」

這時你就會打心底冒出這句話來。

【故事說從頭】

乙未鼎革，日軍入台，從此一路屠殺到南，一八九五年六月十四日樺山資紀入台北城，台灣於焉進入一個被異族統治的年代。

隔年三月，軍政撤銷，進入民政，這時候，開始有日本女人來到台灣，城內的「常盤」料亭，最先有日女陪酒。

早在這年的一月，便有日本投機客在艋舺開了第一家「貸座敷」兼料亭，取名「滿花樓」，因當時日女還不能來，乃以四名台女充當娼妓。

等進入民政時期後，西門街的料亭「養氣樓」來了第一個日本藝妓「小花」，其後小春、米坡等一一來台，讓那些「哈」了很久的日本官員雀躍不已[1]。

日本妓院分料理屋、貸座敷、飲食店三種。料理屋（簡稱料亭）不宿娼，妓女叫「藝妓」，她們同台灣的藝旦一樣，賣面不賣身，不過，背後都有各自的姘頭。「貸座敷」就是妓院。飲食店的「酌婦」只陪酒，不陪宿。

當妓院一家家開起來後，日本當局爲了便於管理，乃在艋舺劃設專區，從歡慈市街、經大厝口，到第一水門，再由後街仔到今萬華分局前這一帶，稱爲「艋舺遊廓」，由「有明町派出所」專責管理。

依日人在明治三十二年（一八九九）六月出版的《花柳粹誌》第一號記載來看，當時艋舺支署轄內有貸座敷五十五家，料亭七十三家，飲食店二十九家，藝妓一百二十五人，娼妓五百〇一人。

短短的三年內，性產業如此興盛，著實驚人。

「艋舺遊廓」內，除了一家「不知火」料亭外，其餘全是貸座敷，計有淡海樓、新高樓、若松樓等。

日本貸座敷的娼妓，每晚華燈初上就得跪坐在榻榻米上等候客人，五六十個妓女跪在斗室裏，難受的程度不言可喻。

這種傳統的接客方式，一直到稻垣發起廢娼運動，當局才改以懸掛照片，讓嫖客按圖索驥，挑選自己中意的妓女，共享春風一度[2]。

日本娼妓都由「仲居」居中拉攏，才可成交，而妓女與妓院皆訂有契約，是可以轉

1 故事見拙著《台灣野史小札》之〈黑井奈保過台灣〉。

2 據吳松谷《艋舺遊廓回顧談》一文稱：當時「花代」（夜度資）每小時二元，按時計算，宿夜十二元。他們還有一種迷信，嫖客一概由前門進入，辦完事後，再從後門送出，決不能讓嫖客從前門出去，否則會帶來晦氣。

讓的，所以，某個妓女由甲妓院轉讓到乙妓院，乙妓院便會在她的照片旁寫著「初見世」三個字，意即「初來店」也，但本省籍的嫖客見到這三個漢字，常誤以乃是「初次下海」。

「哇！這兒還有『在室的』（處女）！」當下興沖沖指名要「初見世」的小雪來陪侍，等妓女到來才發現：「唉？這不是俺上回在『見晴樓』叫的那個圭子嗎！」

不由得「台灣罵」出口，再補上一句：「新查某，舊××！」

去蘇州賣鴨蛋

【俗諺輕鬆講】

這是一句流行頗廣的俚諺，指一個人到了很遠的地方，再也不會回來了，隱言「過世了」、「往生」也。

【故事說從頭】

爲什麼蘇州會扯上「死亡」呢？這句話至今依舊人言言殊，有人說這是「土州」之誤，土州又是什麼州？幹嘛到那兒賣鴨蛋？

我的看法是這樣的：

不是有句俚諺說：「上有天堂，下有蘇杭」，所以說，蘇州是讓人快樂的地方，清代時，台地有句俗話曰：「生在蘇杭二州，死在福建泉州」[1]「去蘇州」意味著去逍遙、去享受也，然而，商人遠遊蘇州一去不回，家裏的黃臉婆依閭盼望，自然會惹來蜚長流短，說那個男人如今逍遙自在，樂不思蜀啦，不會回來啦，這個人就當丟了吧！「鴨蛋擲過山——看破」吧！搞不好丟去的鴨蛋，人家還拿去賣呢！

中視《大陸尋奇》節目，曾前往蘇州尋根，當地人亦有人知道此諺，而且蘇州確實有座「鴨蛋橋」，橋旁之街弄名「鴨蛋橋濱」。

1 這句俚諺應該是泉州人說的，所謂「死在福建泉州」乃落葉歸根也，艋舺富人張秉鵬、白其祥皆在老年時便回唐山故鄉終老。

據當地人稱：有清時，有一台灣人往蘇州做生意，因愛上當地姑娘，並與之成親，該蘇州女子爲一雞蛋販，那個台人爲了不奪其妻之生意，乃另設一攤，改賣鴨蛋，因鴨蛋賣不完可另作鹹蛋、茶葉蛋等，生意做得極佳，因之致富，乃在其賣蛋處河旁捐一橋，名曰：「鴨蛋橋」云云。

對此一故事，當地有一派說：穿鑿附會，不足採信。

國人向來諱言死，所以提到死，常以隱詞代之，什麼「去找伊阿公吃鹹光餅」啦、「去奈何橋報到」等。

澎湖西嶼（漁翁島）的牛心灣爲公墓地，所以澎湖人言人往生，便說成「去牛心灣秋乘」[2]。

日據時，台北有個叫「王連」的人，生前曾往東部山地，因過溪遇急流溺斃，其友見他多年未歸，便前往東部尋找，方知人已死去多年，因此，台北人謔稱「找死人」叫「去找王連伯仔」，說久了，變成「去找王連伯仔作伴」，意即「死掉了」、「掛了」之意。

▲水鄉蘇州石橋（陳華民畫／水彩）

2 秋乘：乘涼、納涼之意，乘，音 Chin。

財甲新艋，勢壓淡防

【俗諺輕鬆講】

新，指「新庄」；艋，「艋舺」；淡防，即「淡水海防同知衙門」。這句話，乃清代艋舺李勝發「一日三命案」後，用來形容李家之財勢，帶有貶意之俗語話。

【故事說從頭】

泉州人長於航海捕漁，因此，入台後，亦大都居於海陬河岸。台北地區的新庄，乃泉州人與「福佬客」共同創建的街市，後來，艋舺漸漸興起，大嵙崁溪（大漢溪）河道亦日漸淤塞，許多大行號，乃改移至艋舺，由於此兩處皆泉州人聚集街市，故並稱「新艋」[1]。

艋舺「李勝發」，為一泉郊行號，創建人是李志清。在那種「景氣興旺」的年代，船頭行無不獲利良多，李勝發當然也不例外，不過，它並不算挺大的，至少排不上「第一好張德寶，第二好黃阿祿嫂，第三好馬笑哥」之列。

李志清死後，家業由其子李孫蒲接掌，卻因「一日三命案」，讓「李勝發」大大的出了名。

1 早前採諺者，將「新」解釋為「新竹」，這是不對的。「新竹」這個地名是在光緒五年（一八七九）「淡新分治」時，將原來的「竹塹」改稱「新竹」才有的，而李勝發號早在道咸年間公元一八四幾年時就已很活躍了。

話說，殷實的李家，有多處地產，散於海山新庄一帶，有一佃農，積欠甚多，屢次催繳，都不能完納，李家乃一狀告到淡防廳[2]，請衙門代收，官廳下了判決，派衙役下鄉收租，這佃人一聽官差到來，嚇得逃走了，卻丟下自己的老婆和一個女兒。婦人突見悍吏臨門收租，自是驚惶無狀，帶著女兒投水自盡，由於少婦當時懷有身孕，故時人稱之為「一日三命案」。

事後，佃農族人代呼不平，乃具狀向淡水廳提出控訴，當然，由於官商勾結的結果，自然渺無下文。艋舺訟師廖春魁路見不平，代寫了一狀子，告到省會福州去，結果還是不了了之。

當時人便以「財甲新艋，勢壓淡防」來形容李家的「鴨霸」[3]。

「李勝發」號，後來因撞船損失慘重，改營布帛生意，做得也不錯，一直到日據初期才收盤。

2 「淡水海防同知衙門」設在竹塹（今新竹），同知半年駐竹塹，半年移駐艋舺。

3 鴨霸：〈陳按〉這句現在常用的名詞，有人東考證，西翻典，找出一個上溯至商周的名詞「壓霸」，只是我依然丈二無「髮」了解其中關連性；這個名詞在日本時代連雅堂的著作中，寫成「亞霸」，依筆者看，它應該是日語「暴」，日文寫成「あ暴」（a-ba），發音與閩南語之「鴨霸」完完全全一個模樣。別忘了，日本五十年的統治，日語跟閩南語的融通性，如同今日北京話對閩南語的影響一樣！

鼓響，吃到鼓歇

【俗諺輕鬆講】

鼓，乃廟宇在祭祀時，響鼓爲號；歇，音Hio。

此諺形容一個人「貪得無厭」，能撈就盡量撈，想佔人便宜之行爲。

【故事說從頭】

艋舺「龍山寺」，是萬華代表性建築，主祀觀音，分靈自泉州府晉江縣安海鄉龍山寺，乾隆三年（一七三八年）五月十八日興建，乾隆五年二月八日始竣工。

龍山寺初建時，曾延請堪輿家張察元，相驗地形，爲一「美人穴」，乃於寺前曠地，開鑿一池（一八二三年，被日本人填埋為公園地）謂之「美人照鏡」，藉以保護艋舺風水。

嘉慶二十年（一八一五年），六月五日大地震，佛座以外全毀，董事楊士朝、黃朝陽諸氏出爲捐題一萬五千元，重行修築，是年十月十八日竣工。[1]

當年重修期間，住在坪頂[2]之泉籍人，自願擔任義工，幫忙建廟，直到完工。

艋舺頂郊人爲答謝他們的幫忙，於是，每年七月中元拜拜，從十日起鼓到十四日結束爲止，這段期間坪頂人來龍山寺，全部無條件款待，以示感謝。

1 故事詳見拙著《台灣野史小札》之〈福智和尚去勢以明志〉一文。

2 坪頂：位在今台北縣的林口鄉，舊稱「坪仔頂」。「坪」乃俗字，正寫為「平仔頂」，乃山頂平坦之意。閩南語俗字若是「地名」，常會加上「土」字邊，如「坪林」，即「平林仔」也。坪，泉音bî[n]。

從此，每屆中元，就有大批坪頂人趕來艋舺，自「鼓響」，一直「吃到鼓歇」，才心滿意足的回老家坪仔頂。

從此以後，艋舺人碰到有人貪得無厭，聽說是「吃免錢的」就埋頭幹到底者，便譏之曰：「鼓響，吃到鼓歇。」

▲艋舺人的政商宗教中心一龍山寺（唐昀萱攝）

十二十三讓你壞，十九二十你就知

【俗諺輕鬆講】

壞，音pai，凶悍，這裏有「騷擺」之意。

這句話的意思是，十二、十三日這兩天，讓你「使壞」讓你「跩」！到了十九、二十日，你就知道誰厲害！一般用在弱者自我隱忍，而後伺機而動之情況。

【故事說從頭】

台北的艋舺，是個純泉州人的移民市街。泉州府首縣的晉江，與南安、惠安，號稱「三邑」，乃「泉州府」政經中心；而位在廈門灣上的同安人，入墾艋舺時，大都住在東邊的「八甲庄」上；安溪位在內陸，故安溪人長於「作山」，移入艋舺時，部分居於今長沙街、康定路交叉之「祖師廟」一帶，餘皆移墾大咖吶、古亭庄、筧尾（今景美）、三角湧（今三峽）等地。

咸豐三年「頂下郊拚」時，同安人被三邑人趕出艋舺，安溪人則在其頭人白隆發（白其祥）的領導下，燒毀祖師廟，幫助三邑人攻打同安人，因此，得以相安無事，但在清一色三邑人的艋舺街上，安溪人成為「少數族

▲安溪人的信仰中心「清水岩祖師廟」。（唐昀萱攝）

群」、「弱勢團體」。

艋舺的「龍山寺」，分靈自晉江龍山寺，它不僅是三邑人的精神象徵，同時也是地方自治形態的政商號令中心[1]；每年的七月十二、十三日，中元祭典時，全市街人山人海，懸綵華筵、熱烈沸騰，看在「少數族群」的安溪人眼中，難免不是滋味。

而安溪人的「清水岩」，通稱「祖師廟」，則稍晚在七月十九、二十這兩天舉行中元拜拜，當日，遠從基隆、淡水、新店、三角湧、土城、秀朗等地的安溪信徒紛紛趕到，群聚艋舺，所以艋舺有句俗話說：「十九二十天，滿街安溪仙。」[2]

而被三邑人壓得抬不起頭來的艋舺安溪仙，這一天可大大的出了一口氣，所以很阿Q的說：「十二十三讓你壞，十九二十你就知。」

這是當年移民時期，弱肉強食的寫照，也為人多勢眾好辦事的年代，留下一句見證的俗諺。

1 龍山寺的政商號令地位有兩則故事可以證明：劉銘傳初築鐵道時，原擬在下崁到港仔嘴間築橋而過，住在下崁的黃姓頭人黃川流，怕風水被破壞掉，乃盜用「龍山寺公印」，向劉巡撫呈請改道，劉銘傳為遵民意，乃作罷；另外乙未日人入台後，唐景崧逃回內地，暴民到處掠奪搶劫，當時艋舺商紳請辜顯榮引日人入台北城時之公文，蓋的也是「龍山寺公印」。

2 泉音：「街」ㄍㄨㄟ，「溪」ㄎㄨㄟ。

壞錢仔都瘦炎仔的

【俗諺輕鬆講】

壞錢仔，或寫成「歹錢」，私鑄之銅錢，猶今日之「僞鈔」；都，音「ㄉㄨㄥ」，或寫成「攏」；瘦炎仔，爲清代艋舺地區，專門私鑄銅錢者。這句話是說：由於「瘦炎仔」專造僞幣，所以，只要拿到僞幣，就說是瘦炎仔造的，引申爲「推諉」、「栽贓」之意。

【故事說從頭】

清代時，曾在台灣發行過紙鈔，不過流通不大，一般使用之貨幣，大都是「龍銀」與「銅錢」。

龍銀的種類很多，有台灣自己鑄造的雙如意銀、筆寶銀、老公仔銀等，甚至還有鷹鳥銀、鳥印仔、仰光等，來自各國的銀元，普通每元的重量以七錢二爲標準，可是每個銀元都挖起一點銀，所以重量減輕，有六錢九的，也有六錢七的，但減五分者，須另行貼水，國庫要支出時全都得過秤[1]。

一般來說，一元，可以掉換一千六百個銅錢，換成重量計，足足有六斤餘重。

銅錢方面，據《台灣府志》載，康熙二十七年（一六八八年），曾在台灣鑄造「康

1 清代時，閩粵沿海及台灣，一般人習慣使用外國銀幣，稱為「洋銀」或「番餅」，其中以墨西哥的「鷹鳥銀」最受青睞。由於長期流通，常被挖得體無完膚，這種錢有時也叫「歹錢」，只是不同於瘦炎仔的歹錢，它是可以用的。

熙通寶」，但流傳下來的不多，台地銅錢大都是浙江台州鑄造的。

而所謂的「壞錢」，就是偽幣，大多是福建沿岸各邑之奸商盜鑄，然後運入台灣，在市面上摻雜混用[2]。

清代時，艋舺有個叫「瘦炎仔」者，便是專門私造「壞錢仔」者，因此，有人拿到「壞錢」，就說：「這是瘦炎仔的！」

後來，只要有某人做錯事，卻死不承認，硬說是某某幹的，便可謂「壞錢仔都瘦炎仔的」意即：諷刺其推諉、不負責之意。

提到「銅錢」，日據時，北台曾經發生過瘟疫，當時人心惶惶，有人提出身上若掛「順治」錢可以消厄，一時順治銅板暴漲，看來諧音之迷信，哪個時代都有。

2 這些偽幣大都摻入土砂銅鉛錫去鑄造，有所謂沙殼、風皮、魚眼、老砂板、毛錢、鵝眼、水浮等名目。范咸《重修台灣府志》稱：「台地所用通寶錢，多古錢及小錢，北路即鵝眼錢亦皆通用。」這裏的小錢、鵝眼錢，就是指「歹錢仔」。

春景仔偲老爸——恙尚（想）

【俗諺輕鬆講】

偲，ㄧㄣ，複數格「他們的」之意。這是一句「歇後語式」俗諺，用來形容一個人有「癩蛤蟆想吃天鵝肉」的非份妄想。

【故事說從頭】

清代艋舺，有個叫「春景」者，其父名「恙尚」，恙尚[1]與「恙想」諧音，因此，艋舺人稱對自己能力所不及，或身分地位不配之事物，卻起「歪嘴批，𤞞想要吃豬肝骨」[2]之舉動者，便譏之曰：「春景仔偲老爹——恙尚（想）」，就是罵人「睏罔睏，不通做眠夢」也。像這類以姓名諧音產生的「謔諧仔俗語」[3]尚有：

牽辯護仔——賴仔榮

賴清榮為日據時台北某律師助理，日文稱「牽辯護」，人呼「賴仔榮」，其人性剛毅，好管事，且好嫖飲，有糾紛事，常喜出面替人爭長短。因此，台北人對好出頭愛做公親[4]卻總搞得「虎頭老鼠尾」者，便戲稱之：「牽辯護仔——賴仔榮」，蓋「賴仔榮」音同閩南語的「多閒」，諷人吃飽沒事幹，管啥子閒事也。

1 恙：音guon，呆笨之意。閩南語俗字中，恙、憨是不能通用的，蓋「失心」叫guon，「敢心」叫gan，「憨」指行事莽撞欠考慮之意。例如：「憨面猶狗目」，便是對處處要與人爭吵幹架者之貶語。

2 𤞞想：痴心妄想之意，此句乃「癩蛤蟆想吃天鵝肉」之台灣版說法。

3 謔諧仔俗語：「謔諧仔」，音$g'e^{n}$ $k'e^{n}a^{n}$即「諧謔」。謔諧仔俗語，意同北京的「俏皮話兒」。

4 做公親：閩南語稱幫人調解仲裁叫「做公親」。

貓的奸臣，鬍的不仁

【俗諺輕鬆講】

貓的，指「麻臉者」；鬍的，指「大鬍子大漢」。不，讀音「·ㄅㄨ°」。這是一句用來譏罵麻臉者與大鬍子時常用的俚諺。

事實上，它患了孔夫子說的「以貌取人」之失，劉銘傳便是個「麻臉」，而大鬍子名將更多的是，現代人常說男人「多鬍多情」，何以俚諺評價不同？

其實，這句俗語話背後，有個很有趣的故事，它源於兩個艋舺布袋戲演師的「拚場」。

【故事說從頭】

台灣掌中戲，俗稱「布袋戲」，源自閩南，又分南管與北管兩類。

清代時，艋舺地區之南管布袋戲，有「金泉同」、「奇文閣」、「龍鳳閣」、「亦解頤」、「哈哈笑」等班，其中以「金泉同」及「奇文閣」兩團，最負盛名。

「金泉同」演師，是個大鬍子，姓童，綽號「鬍鬚泉」，他是艋舺「蓮花池街」人。[1]而「奇文閣」業主，是個麻臉大漢，綽號「貓婆」。

貓婆唸過私塾，懂詩詞，識文章，故吐辭文雅，故事精彩，而鬍鬚泉雖然目不識

1 蓮花池街：今康定路、老松國小以西一帶，此地早前有個大水塘，栽滿蓮花，故名。

丁，但記憶力特強，加上手巧功夫了得，幾個「尪仔」，在他掌中演來，活靈活現，同樣獲得滿堂彩。

兩個人由於旗鼓相當，每遇賽會，常互打對台，拚個你死我活，爲了打擊對手，博得觀衆的認同，鬍鬚泉便在其劇中，編排「奸臣」是個貓臉；而貓婆也不甘示弱，便安排大鬍子爲劇中大壞蛋，兩個人便如此這般指桑罵槐，「人身攻擊」起來，只聽得一邊喊聲：「貓的奸臣啦，天地不容！」另一邊立即冒出一個鬍鬚尪仔，旁白立刻罵道：「鬍的不仁，好膽覅走！」[2]看得艋舺人大呼過癮，遂產生了這句「貓的奸臣，鬍的不仁」之俗諺。

而由於不識字的鬍鬚泉，強記戲文與貓婆硬拚，也產生了另一句俚諺：「鬍鬚泉與貓婆拚命」[3]，用來形容一個人爲爭勝，不惜「豁出去」之決心。

▲早前鄉下地方沒有什麼娛樂，廟埕若有布袋戲或歌仔戲的演出，常造成轟動。（陳焜親先生提供）

2 不仁，這裏要唸讀音b'ut zin：覅，音mai為「不（m̄）愛（ai）」之拗音，現代的台語歌曲作詞者，常將它寫成「嘜」，蓋「國語台字」也。

3 與：音同「甲」，「鬍鬚全」本名「童全」，他的戲班子叫「金泉同」，故常被訛寫成「鬍鬚泉」。

籠盛貓顧粿

【俗諺輕鬆講】

籠盛：蒸籠也，盛：音ㄕㄥˊ[1]；粿，泉音ㄍㄨㄟˋ，漳音ㄍㄧㄝˋ，廈音：ㄍㄜˋ。

籠盛貓，指趴在蒸籠旁邊的貓，當然，牠的目的只有一個，看好蒸籠裏的粿，免遭人偷吃。

在閩南話的語意中，「粿」和「蟯」一樣，都是「女陰」的隱詞，朋友間笑說「食粿」或「這塊粿挾去哮菰」[2]，皆有同女人上床之意，泛指「不倫」事。

因此，早前對「娶婧某」[3]的男人，整天守著老婆，深怕她被別的男人拐跑者，便戲稱之「籠盛貓」。

【故事說從頭】

有一則笑話是這樣說的：

有一個鬼靈精怪的小孩，跟他老爸要零錢，老爸說早上才給了，現在不行，孩子頹喪的走到門口，突然回頭神秘兮兮的說：

「老爸，你給我錢，我就把今天送牛奶的跟老媽說的話告訴你。」

這男人早就懷疑這個送牛奶的跟他老婆可能有「偷來暗去」的情事，還有那個送瓦

1 盛：音ㄕㄥˊ，這裏是動詞當名詞用。

2 哮菰：借音字，音ㄏㄠˋ ㄍㄡ，凡不甘不願與人食物之謂，語氣輕蔑，或帶有開玩笑之狀況才用之。

3 婧：音ㄙㄨㄧˋ，漂亮、美麗也。《漢書》〈張敞傳〉贊：「條教可觀，然被輕婧之名。」婧某：漂亮的老婆。

斯的，跟水電工也都有嫌疑，立刻掏錢塞給兒子說：

「快告訴我，那痞子跟你媽說了什麼？」

「那個送牛奶的叔叔呵，」兒子收了錢，若無其事的說：「太太，妳今天早上是要加咖啡的，還是純鮮奶？」

這雖然是一則笑話，卻也看出「婧某歹照顧」的男人尷尬心境。

老婆漂亮，看見別的男人同她有說有笑，難免打翻醋桶，因爲「好花置花欉，婧某置人房」[4]，這塊「粿」不顧好，早晚被人「挾去配」[5]。

所以老一輩的便常說：「燒糜傷重菜，婧某害死子壻」[6]，因此，討老婆女德擺第一，美醜還在其次，不是說「醜醜粿，嘛會甜，醜醜某，嘛也生」[7]嗎，與其心驚膽跳「顧婧某」，不如找塊「醜醜仔粿」，一人獨享吧！

4 置：音‧ㄉㄧ，在於之意。

5 挾去配：「挾去配菜吃！」乃友朋間提到「把馬子」之戲謔用辭，主菜是家裏的老婆，「挾去配」的自然是二奶、三奶了。配，音p'ue，廈音p'ur。

6 這句話的意思是，稀飯太湯，就會想要多吃菜，所以「傷重」（浪費）菜，而老婆若太漂亮，兒子就會天天看著，無心工作而消磨男兒壯志，這是做母親最不樂於見到的。因此說「害死子壻」。

7 醜，訓讀bai，後面加個尾音「‧ㄚ」，這句話說的是關了燈都一樣。

黃昏無叔孫，天光才辨字倫

【俗諺輕鬆講】

孫，閩南語，侄兒叫「孫仔」；侄女，則稱「查某孫仔」，這裡指「侄女」；字倫，閩南人同輩份叫「同字云」[1]或「同字倫」，「辨字倫」指分辨清楚彼此間的輩份也。

這句話是譏人「亂倫」也。

【故事說從頭】

從前艋舺有某人，因爲跟其侄女私通，醜名外揚，引起鄉人不齒，便譏刺他：每天黃昏一到，這對狗男女早忘了什麼叔叔、姪女之類的人倫道德，直到天亮，才人前人後裝模作樣一番。

這句俗諺，亦常被提及，用來諷刺近親通姦或曖昧情事之用語。

「亂倫」行爲向來爲人所不恥，有句俚諺說：「大官媳婦生的——不晟子」[2]，可見其多麼不見容於社會。

另外，南部地區有句情況類似，但意思不太相同之俗語：

暗暗啊摸，無叔公！

1 字云，即「字輩」，閩南人取名依祖譜載明「字云」，中間皆同一字，以明昭穆也。

2 大官，丈夫的老爸，即公公；不晟子，乃罵人不成材，養不大也。

「暗暗」，句尾再加個尾音的「啊」。

鄉下宅厝，通常皆房間連房間，前頭爲一過道。叔公喝醉酒回到家，三更半夜，迷迷糊糊的把侄女的房間當成自己的，躺下去便伸手摸「自己的老婆」，誰知對方叫了出來：「叔公，我不是你的某啦！」

這叔公才尷尬的說：「啊，暗暗摸，無叔公啦！」

▲講輩份，重人倫，是傳統美德。（雜劇《月露音》插圖）

鱸鰻掠去花蓮港，直乎彪婆找無庉

【俗諺輕鬆講】

鱸鰻，即「流氓」，日據初期，艋舺地區之流氓組織曰「豹彪」，故稱流氓的老婆叫「彪婆」，猶今日之「大姐頭仔」；直乎，猶言「直叫」；庉，「翁」之俗寫字，「丈夫」也。

這是日本時代，流行於艋舺地區之童謠式的俗諺，說明當時「掃黑」行動後之社會現象。

【故事說從頭】

光緒二十一年（一八九五年）日人入台後，台北地區，曾出現過一陣子的無政府狀態，當時由基隆、艋舺、大稻埕、牛埔仔[1]及三重埔，五個地區之強人，假圓山上之鐘鼓石前，歃血爲盟，自稱「五路會」，這是一個結拜會的聚合，由於他們共有二十八個人，因此，一般人便稱之爲「二十八宿」。

「二十八宿」並非流氓組織，但成員中，除了地方強人外，尚有拳頭師、鱸鰻等，難免行止引人注意。

明治三十二年（一八九九年），日本人在「城內」[2]，創立一個以教習柔道爲職志

1 牛埔仔：今赤峰街以北、雙連埤以南一帶，往昔為牧牛之荒埔，故名「牛埔仔」。

2 城內：即台北城內，現在的「城中區」。

的團體，叫「武德會」。

於是，台灣人林傳賢、鄭文龍亦跟進，在艋舺與大稻埕分別創立了台灣人的「武德會」，表面上是傳習拳術，但由於成員皆為日警密偵，實際上，是在跟地方上原有的「二十八宿」相抗衡。

這股風氣，帶動了武術團體的紛紛設立，在艋舺就有王紊九的「虎龍」及高老榮的「豹彪」等。

武德會與二十八宿之間的明爭暗鬥，最後因大橋頭八角古井[3]「果菜市場」規費問題，演變成雙方人馬鬥毆，並擴大成為「頂下角拚」。

當時艋舺方面，以今之貴陽街為界，以南為「頂角」，以北為「下角」；大稻埕方面，以今之民生西路為界，以南為「頂角」，以北為「下角」，雙方人馬，各據地盤，鬥毆鬧事。

由於日本人正為島內武裝「土匪」，疲於奔命，並無暇顧及這類無賴漢之間的社會問題。

後來愈鬧愈兇，連商店都大受影響，無法營業，才由大稻埕聞人陳朝駿出面，雙方握手言和。

但日本警方在抗日份子漸次掃平後，開始回頭對這些流氓開刀，明治三十九年頒布「台灣浮浪者取締規則」，大舉「掃黑」。

由於「武德會」成員，大都是日警的「三腳仔」[4]，於是，由葉木主導，大肆捉拿二十八宿成員。而為了貪功充數，甚至連身懷三寸以上之小刀，就算是「士林刀」也一

3 八角古井：閩南語「井」，皆曰「古井」，並非這座井有多古。古井的正確寫法應該是「鼓井」，蓋外型像鼓般蹲著，俗字「鼓」常被簡化成「古」，如鼓亭，寫成「古亭」。此座古井傳說在咸豐九年（一八五九年）「漳泉拚」時，板橋林家為敗陳家風水，乃買通一地理師前去說項，謂如能於港仔墘掘一「八卦」形之古井，必能蔭子孫云云，陳家果然中計，掘井後，「老亡少夭」接踵而來，此井今尚在。井，泉音ㄐㄧˋ。（tʃiˇ）

4 三腳仔：意指「間諜」，因當時台人呼日本人為「四腳仔」，罵其禽獸也，幫「四腳仔」跑腿的自然低一等，成了「三腳仔」，如今則叫「抓把（笣）仔」。

樣，皆「視同」流氓，一律逮捕，情節重大者，並送往花蓮港管訓。

當時日本人在東部的花蓮港、台東，設有「無賴漢收容所」，後來又在港外的「火燒島」[5]，設管訓所，專門管訓流氓。

由這句俚諺，可看出當年取締「無賴漢」之情形了。

▲日人為防台灣武人造反，例年舉辦「武術表演」加以攏絡。（見《台灣史料集成》）

5 火燒島：今名「綠島」，初名「雞心嶼」，因島形如同「雞心」；「火燒島」之名。乃因島民經常乘小舟出海打漁，如遇風雨將至，島上的人便會在山頂上燒火引船回航，作用如同燈塔也。

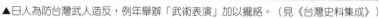

會過得鐵枝路，也𣍐過得黑隘仔門

【俗諺輕鬆講】

鐵枝路，台灣人稱鐵路、鐵道，叫「鐵枝路」，此處指台北「北門」外，今鄭州路段之鐵路；黑隘仔門，在今延平北路石橋仔頭，清代爲大稻埕地方爲防艋舺人「入侵」之隘門。

這是日本時代，流行於台北之俗諺，意思是說：能過得了鐵路這一段，也過不了黑隘仔門這一關！概言：「死定了」、「難逃脫」之意也。

【故事說從頭】

人力車，台灣話叫「東洋車」，台北最早是在清光緒十三年（一八八七年），由劉銘傳自上海引進，計一百五十輛，當時的車資，從艋舺的「祖師廟」，拉到大稻埕的「城隍廟」，大約五、六十個銅錢。

人力車伕跟碼頭苦力一樣，很容易因地盤問題，引起紛爭，這句俚諺，便是緣於日本時代人力車伕打架鬧事而起。

話說在吳昌才[1]任艋舺區長期間，艋舺有人請來「泉州傀儡戲班」，在龍山寺公演，深受歡迎，連演一個多月，頗爲轟動，大稻埕人聞知，也來請他們過去公演，戲班

1 吳昌才：為艋舺「吳源昌」第三代，他在二十九歲時即出任艋舺區長。

自然答應，不過須在艋舺搬演三天，才能過去。無奈大稻埕方面急著想看戲，便仗恃刑事勢力，來硬的，由刑事郭某、曾某，及飯岡（日人）等人，僱請人力車，前來艋舺押人，硬將戲箱搬上車。

此舉引起艋舺人的不滿，一時群情激憤，人潮愈聚愈多，適巧吳區長的侄兒吳永富[2]也在場，他平素就很看不慣日警，便對群眾說：

「你們怕什麼？趁此機會，打！什麼代誌，自然有人擔！」

眾人一聽，既然他阿叔吳區長可以當靠山，還怕啥？於是一擁而上，把幾個刑事，包括一同前來的人力車伕，「打到走無路」。

等吳昌才聞訊趕來，喊開群眾，才將刑事護送出艋舺，幾個肇事者，後來也都受到處罰。

最倒楣的，當然就數大稻埕的人力車伕，爲了賺「兩仙錢[3]」，跑到艋舺，平白挨揍，自然心有不甘，事後沒多久，便傳來艋舺人力車伕在大稻埕被痛毆的事，從此，雙方人馬便經常展開群毆，有好長的一段時間，雙方以北門口「鐵枝路」爲界，互相不敢越雷池，拉客過境，以免挨打，於是產生了這句「會過得鐵枝路，也獪過得黑隘仔門」的俗諺了。

2 吳永富：「吳源昌」後人，人稱「富頭」，他只上過私塾，為人無「紈袴習氣」，極富民族思想，在艋舺設圖書室，搜羅漢文書及上海報刊供人閱覽，一九二七年台灣民眾黨成立，他便是第一個邀請民眾黨人到艋舺演講的人。

3 兩仙錢：概言錢不多也。日据時期的幣制，有圓、角、錢等。（最早還有「厘」之單位，由於太小，後來廢除）「圓」是銀票，面額有一圓、五圓及十圓，「角」、「錢」皆為銅板，故俗稱「銀仔角」，「錢」日文叫「CENT」，故有寫成「仙」或「先」。當時一塊菜頭粿只賣二錢，一斗米也不過幾角，閩南話說成「鬼角銀」。

大埕龜，艋舺鳥

【俗諺輕鬆講】

大埕，「大稻埕」之促音。

這是日本時代，大稻埕與艋舺兩地孩童對罵之用語，乃一時代性之諺語。

【故事說從頭】

咸豐三年（一八五三年），「頂下郊拚」後，同安人被三邑人趕出艋舺，退到另一個以同安人爲中心的市街——大龍峒，本擬籌建葷寶輪街[1]，蓋到一半，卻碰到「四十九日烏」[2]霪雨綿綿，土葛壁全部崩壞，只好再遷往當時極偏僻的「奇武卒」，就是後來的「大稻埕」。

因爲有這層關係，艋舺人與大稻埕人向來不合。大稻埕今延平北路的「石橋仔頭」，以前還設一「黑隘仔門」，就是爲了防止艋舺人來襲。不過，後來的「漳泉拚」，反又促成同爲泉州人的團結。

倒是小孩子們，可能聽大人「講古」，激起了俠情之童心，一直到日據初期，兩地的小鬼頭們，還經常幹架鬥毆。

當時艋舺只有一所「艋舺公學校」（今老松國小），而大稻埕也只有一所「大稻埕

1 葷寶輪街：賭博之色寶，台語謂之「葷寶」，街型如葷寶圍圈狀，則稱之為「葷寶輪街」。位在庄腳之農舍，則叫「寶斗厝」，即原鄉土樓中的「圓樓」。

2 四十九日烏：農曆三月梅雨季節，台人謂「四十九日烏」，蓋「七七四十九工」，概言久也。

公學校」（今太平國小）。這兩校的學生，只要在路頭路尾相遇，就像兩隻鬥雞碰了頭，剎時眼紅脖子粗起來。

所以，艋舺公學校的學生到大稻埕，一定要除掉帽子上的兩條白線；而大稻埕公學校的學生到艋舺時，也得將帽徽摘除，才敢過「鐵枝路」。要是路上碰到了，對方人少，就上；看到對方人多勢衆時，得溜之大吉，否則必被「打到走無路」。

在「仇人相見，分外眼紅」的情況下，「島罵」是免不了的，島罵之不足，可加上個「阿本仔罵」——巴格野鹿！

不過，最常用的是「童罵」——童謠式的罵街——艋舺小孩罵對方：「大埕龜，艋舺鳥[3]，大埕死了了！」大稻埕小孩則反過來罵道：「艋舺龜，大埕鳥，艋舺死了了！」蓋鳥啄龜也。

大正七年（一九一八年），艋舺公學校舉辦全市公學校聯合運動會時，兩方死對頭跑著、跳著，最後一言不合，就在長官、來賓前面，幹起群架來。

事後，當局極爲重視，大開家長會，懲戒頑童，慢慢地，此風才消失。

3 鳥：這裏要唸語音ㄐㄧㄠˋ。

公校讀一冬，不識屎礐仔枋

【俗諺輕鬆講】

一冬：一年。不識：音m-bat，不認得之意。屎礐仔：廁所，礐，閩南語俗字，從「土」表示與土有關，蓋「挖土爲糞坑」也，唸上頭「學」字音h'ak。枋：木板塊*。

這句話是說，到「公學校」上了一年的「阿伊烏唉歐」，就踏不上自己家毛坑的「屎礐仔枋」，識人「忘本」也。

*枋：音ㄅㄤ，閩南語俗字「枋」指「木板塊」，板（音ㄅㄢˋ）則指多張木板塊合成之一張板子，如「門扇板」。

【故事說從頭】

乙未鼎革，台灣整個變了天、阿本仔強佔台島，首先做的三件事，一殺二拆三樹立。從北殺到南，台灣人的命不叫命，清國奴逆我皇軍者死，一時血流成河，造就了其高壓統制的基礎。第二步是拆，所有前朝權利象徵，包括城牆、衙門一律拆除，書院、公廟則一一拍賣。第三步樹立銅像、石碑、新衙門做爲新的圖騰，新的權利象徵。

而做得最成功、最狠的一招，則是強迫台人子弟進學校，接受「日本式」的教育，將台人子弟與祖先的臍帶關係，從根斬斷。

日據時小學教育分「公學校」與「小學校」，公學校是給台灣人唸的，而小學校則是給日人子弟或有錢的台灣士紳家的小孩唸的。

公學校讀的是日本書，從「五十音」學起，音樂課則教《浦島太郎》、《桃太郎》等日本童謠。在學校裏還嚴禁說「本島話」，違者會遭老師打耳光。

不過，當時很多老一輩的皆很清楚自己的祖先是哪兒來的，更是痛恨日本人佔領我土，奴化小孩，因此，公學校上年唸完，皆紛紛再送去私塾學「漢學」。漢學先生很多都是前清秀才，上課教的是《四書》、《千家詩》、《尺牘》等。到了後來，日人實施「皇民化」政策，便禁止台人教漢學，於是漢學教育只得偷偷進行，故被稱為「暗學仔」。

當時學校的建築較新，「便所」也較清潔，很多小孩上過學校的便所，再也不喜歡蹲家裏那種挖個坑，鋪兩塊木板的「屎礐仔」了，故而有此諺，這是老一輩對下一代那種「數典忘祖」的無奈感慨。

▲日政時期，台籍學生在「學寮」自習的情形。（陳焜親先生提供）

日本仔保正——好勢

【俗諺輕鬆講】

「保正」是日據時期，最基層的地方公職，相當於現在的村里長。保正，日語「音讀」唸成「ほせ」（Ho-Se），與閩南語之「好勢」同音，意指「沒事了」、「不會有麻煩了」。

【故事說從頭】

日人入台後，爲了便於治理，在各地方找出有功名者，或頭人，委以「保正」職位，並許以其他好處，做爲其控制台民的手段。

保正*雖然只是約略等於清代時的地保，但權限極大，由於他們同「警察衙」素有來往，因此，鄉民若犯事被捉去派出所，常常得找保正來當保人，方能大事化小，小事變無，因此才說：「保正出馬，好勢嘍！」

這句俚諺的趣味性，在於台語和日語同音，卻呈現不同意義的反差效果，像這類的俚諺尚有：

日本仔料理——乎伊死

日本人碰到食物好吃，都會喊聲：「おいし（O-i-Shi）」，發音很像閩南語的

＊保正：這是專有名詞，依慣例，「正」字應唸讀音・ㄐㄧㄥ，不過唸成語音thia^{n}，也是可以。日據時艋舺有一首童謠是這樣唱的：「自動車ジドウシャ（Chi-don-Chia自動車之日語），火車鉤甘蔗，痞痞貓仔掛目鏡，偲老爸，做保正，煙吹仔頭，摃齣痛。」歌很好玩，大概只有老一輩的才曉得「痞痞貓仔」是阿誰了？

「乎伊死（打死他）」！幹架時如此喊，可文雅多了。

日本清飯——輸死

日本人的飯團叫「壽司」音Su-Shi，聽來像輸得很慘，賭徒上館子大概不會點這一味吧！

▲「武道館」是日據時訓練日警「戰技」之場所。（陳華民攝）

日本婆仔掛耳鉤——無彼囉代誌

【俗諺輕鬆講】

「日本婆子」，即日本女人；耳鉤，耳環也；彼囉，「那樣」之泉音，也可說成「彼款」；「代誌」，正寫爲「大事」[1]，「代誌」是今人的攏統寫法，今從俗。

這是一句拿來反駁別人的用語。例如，有同事說：「這個月老闆要給我們加薪喔！」你想：老闆這個人是「鹽館秤錘——鹹擱硬」[2]的人，怎可能給咱們加薪？此時就可以反駁他一句：「日本婆仔掛耳鉤——無彼囉代誌」。

【故事說從頭】

女人掛耳環，耳畔金光閃閃，漂亮得很，對咱們來說，很正常，誰不愛自己能夠風情萬千。

可在乙未鼎革後，台灣人卻發現日本婆子竟然沒有一個「掛耳鉤」的？這新鮮，於是有了這句俏皮話。

舊時代的日本女人確然無人戴耳環，這在日本的「時代劇」上就能發現，她們不只耳垂子無環，甚至牙齒還要塗黑呢，如今當然不同了，日本婆子同樣耳鉤「金熠熠」，迷人得很。

1 大事：日語的音讀（漢音）唸成「だいじ」（Dai Zi），前輩作家張深切先生，在他的劇作中都寫成「大事」。明代成書的《荔鏡記》則寫成「大志」。

2 硬：泉音gin，漳音ge^n。閩南話稱吝嗇行為叫「鹹」，固執個性叫「硬」。

▲浮世繪上的東洋美人，全都沒有「掛耳鉤」。（陳華民翻拍）

這是日據時代流行的一句詼諧仔俚諺，同樣提到「無彼囉代誌」，有句本土的俚諺，不只詼諧，還特別傳神：

> 尼姑相打揪頭鬃——無彼囉代誌

尼姑還有頭髮可以揪[3]？豈但「無彼囉代誌」，簡直胡說八道「畫虎爛」！

3 揪：泉音：Giu，漳音kiu。

狗吠火車

【俗諺輕鬆講】

這句話也可說成：「狗吠火車——無彩工」，意即多餘的，白費力氣也。

【故事說從頭】

台灣第一條鐵路是清光緒十三年（一八八七），劉銘傳主政時鋪設的，先從基隆鋪到台北北門外，原先計劃在艋舺的下崁（今萬華火車站附近）設站，再架橋由港仔嘴通到對岸，但下崁的黃川流因鐵路通過他的地界，到時候要毀竹圍，壞了風水，於是盜用龍山寺的公印，以民眾名義呈官阻止，當局只好改在河溝頭（舊台北稅關口）建橋，但橋尚未竣工，卻遭洪水將橋柱流到枋隙（今大橋頭附近），於是，將錯就錯，把橋建在這兒，鐵路往北從大稻埕過河，經三重埔、新庄，鋪到新竹。[1]

浙江人池志澂，號臥盧，他在光緒十七年十月，從上海搭輪來到台灣，由基隆登陸，然後坐火車到台北的大稻埕，再僱東洋車入台北城。這一路所見，「皆遶山曲折而行，谿谷奇宕，風景如畫，時已殘冬，田中麥穗（事實上是稻穗）秧針，黃綠相間，猶是內地四、五月景象，則地之肥暖可知。」[2]

剛有火車時，很多土狗見原野中這麼黑不隆冬的龐然大物在跑，常追著火車狂吠，

1 民國四十二年二月廿四日「艋舺耆老座談會」上，黃元愷先生的談話，見同年四月版《台北文物》第二卷第一期。

2 見池志澂《全台遊記》，池氏在台時先任邵友濂的幕客，而後往台東，任胡適父親台東州同胡傳的師爺。

因而產生了這句俚諺。

火車眞正全省走透透，要到日人據台後，日本人稱車站叫「驛」，台北車站就叫「台北驛」，這個字閩南語很不好唸，因此一般百姓便直接以「火車頭」稱之，一直延用至今。

澳門人徐莘田，別號擷紅館主，他在日人據台後的第四年來台，寄寓在基隆，他的《基隆竹枝詞》卅二首，最後一首寫道：

枕邊終日語輈輷，說盡離情百種愁；明日探親台北去，願郎送別火車頭。

早期的蒸汽火車，進站出站時都會發出「噌！蓬！噌！蓬！」的聲音，彰化員林有句地方性的詼諧仔俚諺說：「員林火車頭——普通普通」，這句話不是在說火車站蓋得普通，而是指蒸汽火車行進所發出的聲音，用來形容很一般的事物，例如，有人問你：「這次考得怎樣？」倘若考得不好也不壞，就可以回答一句：「員林火車頭——普通普通啦！」

▲狗狗具有很高的警覺性，也是人類的好朋友。（陳佳琤提供）

柑仔換芎蕉

【俗諺輕鬆講】

柑仔，即「橘子」；台語香蕉叫「芎蕉」。

這句話的意思是說佔人便宜，而且是強佔，「鴨霸」性的佔便宜，還佔得理直氣壯，半點也不臉紅。這句俚諺也可以說成歇後語式的「柑仔換芎蕉——硬[1]要。」

【故事說從頭】

光復後初期，台北西門町鐵路柵欄旁[2]，常有小販在此叫賣水果，有一無賴漢趨前向小販問：

「柑仔一斤多少錢？」

「十元！」小販說。

「好，給我秤一斤！」

小販秤好橘子後，無賴漢把那袋橘子擺在一旁，並未給錢，又問道：

「芎蕉呢？」

「一斤三元。」小販答道。

「好，給我秤一斤！」

1 硬：泉音gin。

2 這裏原是清代台北城西門段城牆，日人拆了牆改鋪鐵路，光復後曾蓋了一整排的商場，如今鐵路已地下化，商場也拆了。

等小販秤好一斤的香蕉後，那無賴漢提起香蕉就走，小販急忙叫道：

「喂！你還未給我錢啊！」

「我爲什麼要給你錢呢？」無賴漢說道：「我用一斤的柑仔，換你一斤的芎蕉，不對嗎？」

「可是！」小販說：「柑仔的錢，你並沒有給我啊！」

「我又沒吃你的柑仔！憑啥給你錢！」說罷，提了那袋香蕉，揚長而去。

▲台北中華路原先蓋有一整排的「中華商場」，隨著鐵路地下化後，如今皆已拆除。（陳佳琤提供）

陳林半天下，剩的睏灶腳

【俗諺輕鬆講】

這是一句說明陳、林二姓在台灣人口所佔的高比例諺語[1]。剩，音ㄘㄨㄣ。

【故事說從頭】

「陳林半天下」不是台灣才有，在閩南地區便有此諺，甚至福州也有「陳林半天下，黃鄭滿街排」之諺，可見中原移入人口中，陳林之多。

在台灣，你只要同人問起「台灣五大姓」，多數人會回答你一句：「陳林李（你）蔡賽」，這眞是一句不好笑的笑話，其實，台灣五大姓是「陳林黃張李」，其次是「王吳蔡劉楊」。

安徽休寧有句俚諺說：「十姓九汪」，常州則稱：「常州莊半城」。這都是移民時代留下來的聚族成莊的結果，台灣也是如此，早前一庄一姓的現象極多，如今工商發達，各方交流頻繁，已不可能找到一個村子人只有一種姓氏的了。

以前彰化縣有句有趣的俚諺說：「社頭狷（蕭）歸庄，鹿港死（施）一半」[2]，這是一句戲謔的俏皮話兒，它的趣味性在於蕭與施的各自諧音，它還有一句後續叫：「大庄賴賴趖」[3]，眞是叫人噴飯。

1 末句有說成「乎狗咬」，因太粗鄙，故改之。

2 有人把「狷歸庄」改成「半庄」，也許是見如今社頭已無蕭姓佔全鄉的關係吧，但如此一來，味道全失。

3 大庄今名「大村」，「賴」為大姓，閩南語整天沒事幹東走走，西逛逛，叫「賴賴趖」音ㄌㄨㄚˇ ㄌㄨㄚˇ ㄙㄨㄜˊ。

姓氏的諧音，往往也會成為一種禁忌，例如早前錫口（台北松山）杜姓乃是最大姓，所以買豬肚，要說成買「豬腎」，否則會挨打。這讓我想起小時候跟鄰居「柯姓」姊妹吵架時，就會罵對方「菜瓜ㄍㄨㄚˇ ㄍㄨㄚ去！」她們便罵我們「ㄉㄢˇ雷公！」一樣，純屬諧音的刺耳感受。

最糟糕的是兩姓間因起釁，而發下的毒誓。清同治四年，宜蘭發生分類械鬥，當地陳、李、林三大姓皆捲入，事後受傷最重的林姓頭人發下重誓曰：「陳無情，李無義，姓林的嫁家己」。

像這類因祖先曾發過毒誓，不准跟啥姓結婚的戲碼，在廿一世紀的今天，卻還依舊上演著呢。

▲商業城市的興起，及族姓間的融合，如今已少有一村一姓的情況。圖為台北西門町景緻。（唐昀萱攝）

頂港篇

未看藝旦，免講大稻埕

【俗諺輕鬆講】

未，讀音bi；免講，言不必奢談焉。

這句話是說到了「大稻埕」，沒上藝旦間，就不必吹牛說你來過大稻埕。蓋概言大稻埕風月場所之多，饑飲之盛也。

【故事說從頭】

當艋舺藝旦風華猗歟盛哉時，大稻埕只有渡頭前的「鴨母寮」有幾處土娼間，供碼頭苦力發洩，毫無風情可言。

到了劉銘傳主政時，板橋林家同他搭上了線，便在大稻埕河溝處，典得一處地，蓋了一排洋樓，人稱「六館仔」，大稻埕藝旦於焉誕生。

隨著艋舺港口功能的衰退，所有商船轉移過來，加上洋行、茶商的興盛，大稻埕漸漸取代艋舺，成為北台商業中心。

於是，作為饑飲的酒樓餐館，「東薈芳」首先開張，接著，春風得意樓、江山樓、蓬萊閣等陸續加入，而供應藝旦的「藝旦間」便在這些酒樓附近的井仔頭街、怡和巷、獅館巷、舊市場、及九間仔一帶集中[1]，遂有了這句「未看藝旦，免講大稻埕」之諺。

1 這些地點，大致在今天的延平北路一段、南京西路、歸綏街、保安街一帶。

當時最有名的藝旦有寶蓮、瑤仙、武陵春[2]、鳳嬌等。這些藝旦個個莊妍雅靚，風情萬種，扇影歌喉，滿座傾倒，一時好色之徒，趨之若鶩，一到晚上，大稻埕頓然夜夜笙歌，點呼花籍，眞有說不盡的風流。

日人據台後，隨著新興玩意兒的輸入，連洋派的「酒吧」也在此開張，最早是設在太平街的エルテル，接著，沙龍OK、孔雀、大屯、第一、百合等相繼開業，這些酒吧選用的女侍（當時稱做「女給」），有一定的水平，不但容貌要好，善於待客，談吐應酬間，嬝娜艷影，在在配合客意，一時會喝酒的、不會喝酒的，蜂蝶紛紛，爭望丰彩，遂令大稻埕風月之盛，達到了頂峰。

昭和十一年（一九三六）一月，《風月報》曾舉辦過一次「新春美人」人氣投票，限市內酒吧及稻江所屬藝妓（旦）、

2 故事見拙著《台灣野史小札》〈六館仔名妓武陵春〉。

舞女，由讀者投票選出當年之花魁，第一名是獲得三千三百六十四票的「第一」女給瑠璃子（台女，當時女給有個時代風潮，大都取日本式花名）。藝旦第一名則是蓮碧，其次是碧娥、阿錦，及烏貓珠。[3]

上酒樓、找藝旦，或到酒吧同女給哈拉，這都是高檔消費，一般平頭百姓是玩不起的，有句俚諺說道：「少年那無烋一擺，路邊那有有應公」[4]，既然「食色性也」，聰明的生意人，便替那些好色又玩不起藝旦的「烋少年」，創造了一個新的風月場所——茶室。

它是綜合藝旦與女給的新產物——茶店仔查某，貌勿須出衆，歌琴皆可不論，酒會喝更好，不會喝也行，咱們不是叫「茶」室麼？一個通間，分割成十多個塌塌米的座位，入口處懸著布簾，用來防止他人窺探，客人進來，叫個查某，進入小房間內，要怎麼玩就看你的能耐了。

大稻埕的藝旦，隨著色情行業的多樣化，慢慢的，便在時代的洪流裏消失了。

3 林時英《台北平康記》一文稱，隔年日本人也選出靜子、小太夫、東檢奴三名藝妓，號稱「台北三嬌」。

4 第一個「有」唸語音ㄨˇ，第二個「有」唸讀音yu。

上觀天文，下察地理

【俗諺輕鬆講】

這句話是諷刺一個人，得意時，頭抬得高高的；失意時，則垂頭喪氣，兩種截然不同的行爲表現。

【故事說從頭】

大正七年（一九一八年）下半年，台灣進入一個空前的好景氣，各行各業皆獲利賺錢，尤其投機性質的股票，轉手獲巨利者，到處可聞。大稻埕有幾位老學究，眼看別人賺錢如盛水，自己的門生個個發了股票財，於是，由「篇竹先生」陳祚年發起，集合幾個老先生，組織一家「宏道公司」，也跟著投入股票買賣。由於門生故舊，巨商大賈甚多，調起頭寸來也方便，沒多久，個個都嘗到甜頭，賺了大錢。

有位夫子便感慨道：「早知賺錢如此容易，何必長年子曰詩云？」

這幾個老先生一有了錢，雖然忘了「子曰詩云」，倒沒忘記「吟風朗月」，當時大稻埕的風月旗亭，大都集中在九間仔[1]、怡和巷[2]、井仔頭[3]、棕蓑街[4]，而「宏道公司」就設在「舊媽祖宮口街」[5]，老先生們辦公之餘，便拐個彎，到怡和巷、九間仔遛躂遛躂，由於妓女多寓居二樓，所以老夫子們信步街頭時，便不約而同，抬頭向上行注

1 九間仔：今延平北路、歸綏街交叉口，已經拆除之「第一劇場」對面，舊稱「九間仔」，因有舖戶「九間」也。

2 怡和巷：據民國四十二年九月十六日「大稻埕耆宿座談會」上，張家坤先生稱其叔張鑽在中街（今迪化街，民生西路以北段）開設一家「怡和藥行」，當時人稱怡和轉彎通往今延平北路這條巷子，叫「怡和巷」。

3 井仔頭：今重慶北路、民生路口一帶，附近有一口井也。

4 棕蓑街：今重慶北路、南京西路口圓環一帶，早前有多家「棕蓑」店。「棕蓑」乃雨衣也。

目禮。

等到股票行情，開始下滑，個個灰頭土臉，負債累累，於是「走路頭殼犁犁」，便有人調侃這些老學究，學問實在好，不但得意時，能「上觀天文」；失意時，也沒忘記「下察地理」！

好笑的是，自從「金錢遊戲」降溫後，如今的台北街頭，跟早前一樣，充滿了「上觀天文，下察地理」的男女學究們。歷史告訴我們一個事實：昧於歷史者，必將受歷史的再次嘲弄。

▲在藝旦間外「上觀天文」的老學究們。（《負曝閒談》插圖）

5 舊媽祖宮口街：今民生西路，迪化街以西段。關於「宏道公司」的破產，有這麼一則佚聞，「宏道」乃前清貢生陳祚年、謝尊五、陳廷植等人合資創立，初時獲利不少，眾人在藝妲間作樂，聊起前清茂才近況，有人提起「郭鏡蓉」，如今竟以卜卦算命為業，於是，邀其宴飲，席間向他請卜「宏道」日後業務，乃書一「道」字以詢，郭也不客套，笑答曰：「道，乃以首以足成字，故為首者，日後必逃矣！」眾雖哂然，後竟成讖矣。

媽祖宮起不著面

【俗諺輕鬆講】

起，「砌」也，建造房子之意；不，音「mh」：「不著」，即「不對」之意。

此諺早前流行於台北大稻埕，原句為：「媽祖宮起不著面，猶仔（瘋子）才會出膾盡！」後來省掉後半句，成為「歇後語」式的俚諺，用來揶揄對方「起猶、發瘋」。這不是罵人的話，乃熟人之間的戲謔用語。

【故事說從頭】

大稻埕的媽祖宮，曰「慈聖宮」。本尊在嘉慶年間，渡海來台，最初祀於艋舺「八甲庄」（今老松國小以東一帶），咸豐三年（一八五三年）「頂下郊拚」時，才移來大稻埕，原先是蓋在中街、南街之界，所以這一帶，老一輩的依然稱它「媽祖宮口」。

明治四十三年（一九一〇年），日本人實施市區改正時，將南街、中街取直打通，並拓寬馬路，媽祖宮首當其衝，便被拆了，而改移建至「大稻埕公學校」（今太平國小）左鄰今址。

當年蓋廟時，堪輿師跟建築師曾為了「廟向」，意見不合。原來現在「第一劇場」本是茶行舊址，其屋乃背後是馬路，而連街數十家店舖，亦皆如此，因此，有人主張應該「坐西向東」，才是正面；但也有人認爲「坐北向南」方爲正確，衆說紛紜，莫衷一是。後來爲了平息雙方的歧見，採「坐東向西」，就是今天的坐向。

奇的是，新廟蓋好不久，街上便常常出現有精神異常的瘋子，走來走去，於是有人說了，這是「媽祖宮砌不對面」，所以瘋子才會愈來愈多，因之產生這句：「媽祖宮起不著面，猶仔才會出膾盡」的俚諺。

嗣後，廟方聽從堪輿師的建言，之所以瘋子出不盡，乃因此地缺水，過於乾燥之故，*便在媽祖宮右側，建一涼亭，亭子四邊鑿池蓄水，可是不久，卻又被日本人給拆掉，填平了。

從此，大稻埕朋輩間，若有人瘋言瘋語，思想行爲異想天開時，便揶揄道：「害囉！害囉！媽祖宮起不對面啊！」

▲寺廟建築特別注重風水坐向，圖為建在「美人照鏡穴」的萬華龍山寺。（唐昀萱攝）

＊關於「火氣太旺出瘋子」之傳言，台灣甚多。如松山區在日本時代建有一座「錫口養神院」，就是一般人口中的「松山猶病院」。此院之所以蓋在松山，乃因當年松山之「慈祐宮」為一「鯉魚穴」，而對面的「大尖山」，又稱「火炎山」，因此形成了「水火即濟穴」。後來為了建設地方，乃將慈祐宮附近三個埤池填平，水勢一弱，火氣變旺，「猶仔」跟著「出膾盡了」。

大道公鬥法媽祖婆

【俗諺輕鬆講】

這句俗諺，也有說成「大道公合媽祖婆鬥法」，這是源自閩南的兩個神仙鬥法的故事，隨著移民的遷移，同樣的故事，在南洋以及台灣同樣流傳著，而且，都給「本土化」了。

在地方戲曲中，《大道公鬥法媽祖婆》是個很熱鬧的戲，一般人引用來諷刺「男與女鬥」之情形，當然啦，傳統上，男是不與女鬥的。

【故事說從頭】

台北大龍峒「保安宮」，主祀「保生大帝」。「保生大帝」吳本，俗稱「大道公」。農曆三月十四日，爲保生大帝誕辰，故又稱「大道公生」，可是這一天，不知爲什麼，每一年都會刮起大風，故又稱爲「大道公風」。

而鄰村的大稻埕「慈聖宮」，在農曆三月二十二日媽祖誕辰那一天，也照例，必然下起雨來，所以俗稱「媽祖雨」。

原來這「大道公風」與「媽祖雨」，是這兩位神仙鬥法的結果。

故事是這樣的，同安出身的「大道公」，與湄洲出身的「林默娘」*，在還沒「成

＊媽祖俗名「默娘」，最初仙逝時，鄉人私謚：「通賢靈女」，到了宋徽宗宣和四年，出使高麗的允迪在海上遇險，獲「通賢靈女」之救助，奏聞朝廷，乃賜「順濟」之廟額。其後歷朝皆有封號，從「夫人」一直追贈到「妃」，直到施琅攻台，因受媽祖之佑，上奏進封為「護國庇民昭靈顯應仁慈天后」，從此其宮廟皆稱「天宮」。

仙」以前兩個人便互相較勁，看誰的「法術」厲害，由於兩人旗鼓相當，皆神通廣大，法力無邊，各種法寶全使盡了，依然分不出高下，天上諸神看他們這樣鬥下去也不是辦法，便居間斡旋，雙方言和，才結束了這場惡鬥。

可是雙方面心裡還是有點不平衡，大道公心理暗忖道：「好，她三月二十二日生辰，我就下雨，把她臉上的胭脂水粉洗個乾乾淨，看妳出糗！」

而媽祖婆心裡也暗想：

「哼！說好不鬥了，心裡還那麼狠，難道我怕你不成？好，三月十四日他生辰那天，我就刮起大風，把他的眞人帽吹掉，讓他變成四不像！」

就這樣，三月十四日必刮大風，三月二十二日，則大雨不斷矣。

想想也好玩，三邑人跟同安人，從原鄉打到台灣不打緊，連奉祀的地方神祇都不得安寧，在天上還得鬥法一番。還好，「日寇」對台灣總算有一大貢獻，是泉是漳也罷，是「番」是客也好，在日人的眼中，都是「台灣人」、「支那籍」、「清國奴」也！鬥什麼？

三月二十，人看人

【俗諺輕鬆講】

這是台北地區早前俗諺，說明農曆三月二十日，大龍峒[1]「保安宮」之熱鬧景況。

【故事說從頭】

台北大龍峒「保安宮」，主祀「保生大帝」吳本，保安宮的西廡鼓樓下正中，配祀有「註生娘娘」，傳說專司人間生育事，兩旁配以「十二婆姐」[2]，分掌十二月。

註生娘娘，即陳靖姑，傳說她是五代時，福州古田臨水鄉人，所以又稱「臨水夫人」，她是陳守元女弟子，因斬白蛇收妖，「閩王」王璘封爲「順懿夫人」，傳說其能化身救產，故閩台皆奉祀爲「註生娘娘」。

《建寧志》云：「宋時，沛城徐清叟子婦產難，夫人幻形救之，謝之不受，問其姓名寶居，但曰古田人，陳姓。後徐知福州，令人至古田訪之，見廟中像，悟為夫人幻身，請於朝，加贈封號。今婦人臨蓐必供夫人像於室中，至洗兒日，始拜謝而焚之。」

農曆三月二十日這一天，爲註生娘娘千秋，早前婦女甚少出門，尤其富家千金，唯有這一天，遠近婦女、小姐、丫鬟人等，全群集保安宮，馨香致祝，一時釵光鬢影，好不熱鬧，而一般士子、查甫人[3]，也乘機到廟中繞繞，品花評柳，大飽眼福一番，所以

1 大龍峒：台北的大龍峒最早叫「大浪泵」，或「巴浪泵」，據說這是「番語音譯」，而後雅化為「大龍峒」，當地士子則書為「大隆同」，因該地皆為「同安縣」籍移民，冀望能興盛隆昌也。

2 十二婆姐：有人將祂寫成「十二婆者」，這是錯誤的，蓋泉音「姐」與「者」音同，唸成「ㄐㄧㄚˋ」；漳音，則唸「ㄐㄧˋ」。「婆姐」，是一種敬稱，十二婆姐，共具有十二位女性，年輕的信徒，稱祂為婆，年長的信徒，叫祂為姐，皆恰如其份。套句現代流行語，就是「有點老，又不會太老」。而「婆者」，老矣！

說「人看人」。

大龍峒陳老師維英有一首詩，形容此情況，極爲傳神，詩曰：「寶地團成錦繡叢，明粧暗麝鬥春風，遊人一入宮門去，眼似飢鷹欲下空！」

在封閉的年代，年輕人藉由廟會、民俗節日飽看異性，也是正常的現象。

浙江紹興有句俗諺說：「正月燈，二月鷂，三月上墳船裏看嬌嬌」，正月看花燈，二月放風箏，到了三月清明上墳時，因紹興鄉下多水路，人們上墳必坐船，當然浮浪子弟便可藉機飽看嬌嬌，也算是刻意安排中的意外收穫了。

▲「大道公廟」為同安人的信仰中心。圖為主祀保生大帝的彰化慶安宮（國定三級古蹟）。（陳華民攝）

3 查甫人：閩南語稱「男子」，叫「查甫人」。

一保肉，二保打，三保笑哈哈

【俗諺輕鬆講】

保，或作「堡」，為清代地方制度名稱，相當於現在的「鄉」、「鎮」，此處為廟方依信徒分布情形，作為主祀之區分，與實際的行政區域範圍，略有出入。

此諺本是形容大龍峒「保安宮」，信徒輪番主祀的實際情形，後來引申作為不同團體間，相互爭勝拚鬥的寫照。

【故事說從頭】

台北大龍峒的「保安宮」，主祀保生大帝，俗稱「大道公」，信徒分布情形，分為三保，每年中元普渡時，輪流主辦。

「一保」，包括大龍峒、牛埔仔、社仔、大直[1]、北勢湖[2]、山仔腳[3]、北投、關渡、金包里（今金山）等地，地廣人眾，大多業農，飼養生畜亦多，所以祭品便常以豬羊為主。

「二保」，包括新庄、二重埔、三重埔、和尚洲（今蘆洲）、觀音山、八里坌（今八里）等地，地瘠民窮，兼又尚武好鬥，故當值時，常因細故，相互打個沒完沒了。由於二保窮，辦不起豐盛的祭禮，因此另產生一句：「較結二保」[4]。

1 大直：日人安倍明義言此地「平坦寬廣，形呈筆直，故名」，胡扯！先民移墾最早最方便之交通工具，水道也，基隆河在此段前後，皆九彎十八拐，唯獨此段筆直暢行，故曰：「大直」！

2 北勢湖：某作家說：「閩南語的『湖』，並不是指聚水而通河的地方，也有『盆地』的意思。『內湖』的意義是『在內地的盆地』。」這是「倒果為因」的草率論調，先民初墾，為了灌溉，多選在給水方便處落戶，早前台地多積水凹地，閩南人叫「潭」，客家人則稱「湖」，後來水被汲光了，露出湖底，先人便移入建

「三保」，則包括大稻埕、加蚋仔（今東園）、港仔嘴（今板橋江子翠）、錫口（今松山）等市街，市集繁盛，商家亦多，故祭品豐富，陣頭又熱鬧，個個看得眉開眼笑。

因此，才有這句「一保肉，二保打，三保笑哈哈」的俚諺[5]。

而這句話，也廣泛的被引用來形容幾個不同的團體間，相互爭勝、較勁，鬥得你死我活的情況。

地方特色通常是庶民愛掛在嘴上的話頭，例如江蘇無錫有句俚諺說：

南門豆腐北門蝦，西門柴擔密如麻，只有東門無啥賣，葫蘆茄子搭生瓜。

不但有趣，也道出了老百姓對平常日子的自足自適。

抗戰時，各地人撤退到四川來，一時後方呈現一片榮景，當時威州

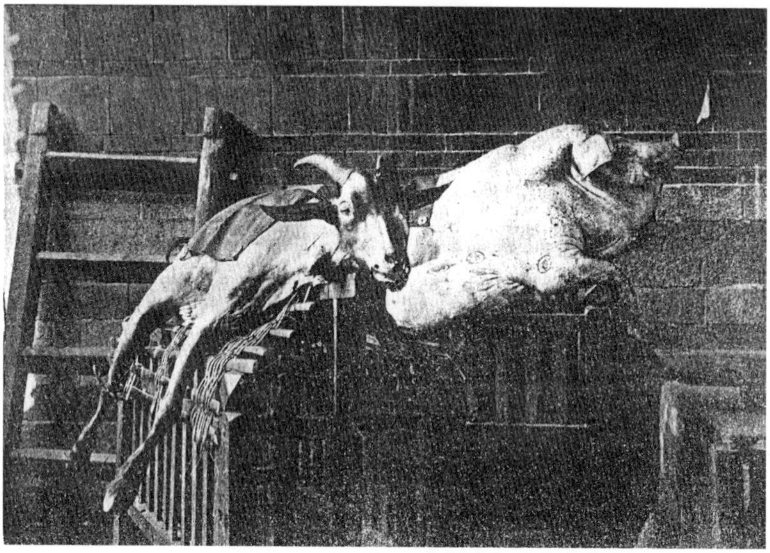

▲台人拜拜祭祀，常用全豬全羊以示誠敬。（陳華民翻拍）

庄，而原來的「××湖」地號也被保留下來，這就是為什麼很多的「盆地」形村庄，在客籍墾地都叫做「湖」的由來。姚瑩《台北道里記》：「大湖口（又名糞箕湖），涸湖也。」現在新竹的「湖口」，舊地號叫「大湖口」，就是因為它位在「糞箕湖」旁也，姚瑩是道光年間的台灣道台，此文乃其道光六年往葛瑪蘭任通判時所寫，可見嘉道年間，台地很多積水湖泊都已乾涸，而變成「盆地」了。台北有兩個「內湖」，一個在今木柵「溝子口」，舊誌稱「霧裏薛內湖庄」，另一個乃今之「內湖區」，皆「福佬客」所墾，「內湖」是大地號，「北勢湖」、「白石湖」為小地號，嗣後漳人入侵，乃以其命名習慣改為「岩」、「崁」、「埤」等。「北勢湖」含今日內湖之西湖及洲仔兩處。

3 山仔腳：在圓山腳下，今中山北路一帶，早前多為田地，鮮少人居。

（今汶川縣）有句俚諺說：

威州包子板橋麵，要看姑娘走羊店，好耍兒不過荳兒坪。

蓋威州的包子和板橋的麵特好吃，羊店的姑娘長得漂亮，而荳兒坪風月產業較盛也。

等抗戰勝利，人事更迭，物價高漲，於是，這句俚諺也跟著換了新裝：

威州包子小啦，板橋麵少啦，羊店的姑娘老啦，荳兒坪的姑娘跟人家跑啦！

4 較結一保：結，音ㄍㄝ，說時加上尾音「·ㄝ」，「吝」也，形容人「吝嗇到家」之意。

5 由這句俗諺可以看出移民初期，大台北地區同安人分佈之情形。

周池仔好榜路，燿堅仔好𦘒肚

【俗諺輕鬆講】

周池仔，大龍峒人，貢生周鳴鏘子；燿堅仔*，大龍峒人，舉人陳樹藍之子，陳樹藍爲陳維英之族侄。

榜路，猶言今日之「小抄」；肕肚，即「肚子」，「好肕肚」，猶言「肚子裡有東西」，有眞才實學也。

此諺以大龍峒兩士子對比，反諷會作弊的比有眞才實學的，更能「僥倖」進取。

【故事說從頭】

前清士子，寒窗苦讀，爲的就是求取功名。

然而，參加最基層的「鄉試」，卻非人人皆文曲星下凡，畢竟愚智各有不同，那些一心想「吃天鵝肉」的，只有靠「作弊」一途了。

於是乎有所謂的「榜路」出現，那是類似現在的「猜題」小冊子，以經書擬作各種文章，書以蠅頭小字，輯成小冊，寬約一寸，長約二寸，售與考生，方便挾帶入場，裨作參考。

秀才參加鄉試時，是以點名入場，搜檢極嚴，在貢院頭門和二門內，令衙役兩行排

＊燿堅：早前一般採諺者，皆書成「耀堅」，訛寫也，港仔墘陳氏家族，譜名以五行排輩份，依序為「埒銳源樹燿培錫」，陳維英譜名「源充」，陳樹藍的兒子自然是「燿」字輩。「保安宮」後殿有一「陳燿堅」題字，書「燿」字，今從之。

立，以兩人搜一人。士子懷挾小冊，其父、師都得治罪，雖然如此，作弊之風依然未曾稍減。

乾隆皇帝就曾對作弊取巧的士子痛責無恥，竟同「鼠竊狗偷之輩」、「不務研究於平日，惟思竊取於他人，詭詐潛藏行同盜賊」。

有一年，周池仔與燿堅同時應試，燿堅在塾中，一向聰明有學識，但考運不佳，落榜了，而資質平庸的同學周池仔，卻因擅用「榜路」，竟然高中，因之，鄉里中引以為談助，而有此諺。

反觀今日，雖然閱卷電腦化，但作弊也進步到「電子發報」系統，大概當年「好榜路」的周池仔，也料想不到如此方便矣！

▲為博取功名，學子千里迢迢赴京趕考。（雜劇《還魂記》插圖）

宮口五棚戲

【俗諺輕鬆講】

宮口，即「廟口」，此處指大稻埕「慈聖宮」之廟埕；五棚戲[1]，即「五台戲」，拜拜酬神之野台戲，須搭棚爲戲台，故稱一台戲，叫「一棚戲」。

這是一句純地方性的俚諺，各地說法不同，重點是伸出五根手指頭，炫耀戴在手上的金戒指；這是一句對喜歡現寶，到處誇示自己有錢者的諷刺語。

【故事說從頭】

第一次世界大戰後，台灣進入一個空前的好景氣，各行各業市況旺盛，很多人都累積了一點錢，其中以「金仔店」[2]最吃香，因爲台人向來喜歡金子，婦女皆喜戴金手環、金戒指、金頭簪等，結婚時的定禮，更少不了金飾。當時男人也時興戴金飾，有錢人弄個「瑞西」錶，繫上純金鍊子，掛在胸前炫耀。一般人家，手上戴個戒指就很得意了。當時還流行印章式的大金戒，隨時帶著一枚私印，以示錢多多。

大稻埕有個菜販，叫「賣菜貴仔」，辛苦累積了一些錢，也跟人家趕時髦，打造了五個金戒子，每個手指頭各掛上一只，窮人翻身，就怕人家不知道，於是碰到熟人就喊道：

1 棚：泉音bīⁿ。
2 金仔店：即「銀樓」。

「喂，你知影否，今仔日宮口有五棚戲喔！」說著五個指頭往人家面前一伸，亮出金閃閃的戒指，大家知道他的心理，也就一笑置之了。

有個愛戲謔的朋友看了不順眼，便回了他一句：「知啦！知啦！我也有個好消息跟你講，聽說『屎礐仔間』[3]也牽電火[4]了！」

當時一般人家只點煤油燈，只有公共設施，像「公廁」才裝設有電燈。賣菜貴仔知道人家嘲笑他，從此再也不敢隨便逢人就亮五指了，但這句「宮口五棚戲，屎礐仔間牽電火」的俚諺，卻不脛而走，成為友朋輩，相互惡作劇，開玩笑的俏皮話了。

3 屎礐仔間：礐，閩南語土字，從土表示建物，讀如「學」；「屎礐仔間」，即「廁所」也。

4 牽電火：日文「電力」，叫「電火」。「牽電火」，就是架設電線；電燈泡則叫「電火球仔」。

學洪禮謨㩀火車輪

【俗諺輕鬆講】

這句俗諺，也有說成「要學洪禮謨扛火車輦」，這是日本時代流行於台北的俚諺，用來罵子弟不學好，乾脆去死算了。

【故事說從頭】

洪禮謨是台北大稻埕「稻新街」[1]人，洪家是世家，家裡有錢，洪禮謨人長得頗體面，可惜交友不慎，天天你兄我弟，進出「東薈芳酒樓」，爲博取花女歡心，撒鈔票像撒銀紙，揮霍無度的結果，家族便跟他分了家。

分家後，由於沒人管，花的就更凶，沒多久床頭金盡，那些狐群狗黨跑的跑、躲的躲，而認錢不認人的妓女，更對他不理不睬，連老婆也拒絕跟他見面。洪禮謨一氣之下，跑到北門口的鐵道上，臥軌自殺了！

「洪禮謨自殺事件」，當時轟動了台北。後來新劇剛興起時，台北的「朝日座」，最叫座的兩齣戲，一是《大盜廖添丁》，另外一齣即是《洪禮謨》。昭和七年（一九三二年）永樂町的「文聲唱片公司」，還曾將這故事灌錄成唱片發行。

由於洪禮謨臥軌處在北門口的鐵道上，後來還曾傳出洪禮謨的鬼魂躲在北門樓的

1 稻新街：清代時之街名，由今日之南京西路與迪化街銜接處至延平北路一段止，今名「甘谷街」，土名「土地廟仔邊」，稻新街西邊街口即是「東薈芳酒樓」。

「鬼話」。就因爲這是個家喻戶曉的活教材，當時若有子弟不學好，家長便罵他：「要學洪禮謨攑火車輪？」

這句話，有點像後來的「淡水河無崁蓋」[2]同一個意思，要人悔改也，否則死掉算了。

▲台灣鐵路始建於劉銘傳主政時，如今已全台暢行無阻。（陳華民攝）

2 崁：借音字，音kan，蓋上之意，整句用普通話說，就是「淡水河沒加蓋」也。

一鳥二關刀，三蛇四蓮花

【俗諺輕鬆講】

此諺講的是清代台北「大佳臘堡」之「四大陽宅地理」，因此，所有的數字，皆唸「讀音」。鳥，讀音「ㄋㄧㄠˋ」；蛇，讀音「ㄒㄧㄚˊ」。

往昔台北沃野千里，山巒走向，水渠流勢，皆成格局，所謂鍾靈毓秀，自有其道理，而有錢人家營建豪宅，非只引人稱羨，自然，也就產生了種種附會傳說。

【故事說從頭】

一鳥，指的是周百萬所得之「烏鴉孵卵穴」。

周百萬本名周廷部，初來台時，居三枋橋（今東門外永康街一帶）務農爲生，嗣後從商，並開了船頭行，因而致富。乃經友人介紹，認識一贛州籍地理師，並在烏橋頭相得一「烏鴉穴」，地理師極力推薦，並言不出數年，必定大富大貴，金碗玉箸捧著用，周廷部甚喜，笑道：「果如所言成眞，定出五千金酬謝！」

於是鳩工興建巨宅，並圍以桂花樹，所以，後來人稱此地爲「桂花宅」[1]。

等巨宅建成後，果然不出數年，成爲當地首富，此時，地理師猝至，由於周百萬爲人慳吝，想賴掉當初所言之五千謝金，便虛言並未獲利，目前還不到金碗玉箸的地步，

1 桂花宅舊址，在今北平東路、紹興北街口，原「華山貨運站」一帶，今名「桂花里」。

地理師見其圖賴，乃挾恨欲壞其地理，故意稱道：建宅時，忘了在屋前開一條水溝，以貫穿屋後的水塘，因此，氣脈不能相通，所以才沒有「金碗玉箸」！

周廷部信以爲眞，即日雇工，從烏鴉頭開挖一條數十丈的水溝，達烏鴉尾，從此，壞了地理。傳說開挖當日，甫鑿地面時，便有紅銹水流出，宛如鮮血。

從此，周家漸衰，傳至其子周化龍（周金隆）時，更是揮霍無度，俗諺說的「周百萬用銀不用錢」，便是指周化龍的揮金如土之習性，偌大的產業，在他的手上也敗得差不多了。

二關刀，指的是中崙李厝的「關刀穴」。

由於此地理之佑，李家出了大加蚋堡唯一的舉人，李文元。

傳說這關刀尾端，原先住有一「尤」姓人家，閩南語「尤」與「油」諧音。等尤家搬走後，這關刀沒上油，便開始沒落了，這當然是附會之說。

三蛇，乃大安區林榮泰之「南蛇拜斗穴」。

林榮泰爲一豪商，本在艋舺營船頭行，致富後，在大安[2]建一豪宅，此宅乃三落大厝，在當時，可謂富甲一方，睥睨北台，所以有句俗諺說：「有榮泰的富，也無榮泰的厝；有榮泰的厝，也無榮泰的富」可見其家大業大外，豪宅之大[3]，亦無人可比。

四蓮花，則爲坡心林家之「浮水蓮花穴」。

林家第一代祖先林式齊，初來台時，在艋舺歡慈市做小生意，賺了點錢，便買船搞起兩岸貿易，兼營染房，漸獲巨利，便在大安之「坡心」[4]興建巨宅。此一大厝，宅地一甲餘，周圍都是大埤，只有一條埤岸路，可通興雅（今基隆路一段一帶）。這埤岸

2 大安：舊地號為「大灣」，因七股圳在此處轉彎故名；大安，乃日人改過後的名稱。

3 榮泰厝，就是現在遷往濱江公園的「林安泰古厝」。「榮泰」為林家商號，故前清時，林家皆稱此厝為「榮泰厝」；後人以林家為「安溪人」，建此「榮泰厝」，故又稱此厝為「林安泰古厝」。

4 坡心：今和平東路與安和路口一帶。

路，便是蓮莖。而大厝以油面磚砌建，色彩鮮紅，遠望宛若一朵蓮花浮出水面，故稱「浮水蓮花穴」。

反觀現在的台北，小小的盆地裡，擠滿了亂七八糟，高矮錯落的建築，若還有什麼「地理」，大概就只剩「一烏二鐵窗，三亂四操煩」了！至於房地產廣告上說的：「傳世經典，權貴世家」，那是「自己褒，才膾臭腥」，你相信？！

▲中國人向來重視風水，圖為浙江永嘉縣蒼波村之「文房四寶」村落格局，長街為筆，遠山為筆架，路旁黑石條為墨錠，左方為硯池。（陳華民畫／水彩）

周百萬，用銀不用錢

【俗諺輕鬆講】

周百萬，福建安溪人，本名周廷部，來台居大加蚋堡三枋橋（今台北永康街一帶），其發跡經過可參看本書〈一鳥二關刀，三蛇四蓮花〉一文。

此諺語的「用銀不用錢」的浪蕩子，乃指其子周金隆。

【故事說從頭】

周金隆[1]爲周廷部獨子，從小倍受溺愛，養尊處優，成年後，便常偷取父親的銀兩上艋舺尋花問柳，把周廷部活活氣死。

等父親過世後，全部家當完完全全悉由他一人掌握，更是變本加厲，日日呼朋引伴，放縱酒色。

周金隆一生花錢只用洋銀，而不用制錢，就算買只香蕉，或一個橘子，照樣隨手一丟，就是一個番銀。

傳說有一則笑話，有一天，周金隆向一檳榔攤買了一顆檳榔，只見他檳榔放入口，丟下一枚銀元便走。賣檳榔的老阿婆忙說：「還沒找錢呢？」

周金隆回頭笑一笑，便走了。

1 周金隆：在民間俗文學記錄上，或寫成「周化龍」、「周代龍」，或「周泰龍」，不一而足。

老阿婆猜不透其意，心想，會不會這個年輕人準備結婚，這一個銀元大概是定貨款，當時的風俗，結婚須以檳榔待客。[2]

於是，老阿婆動員全家，連日趕包檳榔，等這位闊少爺來取，等到檳榔都壞了，才聽人說起，原來她碰到的是周百萬「周仔舍」了。

周金隆除了花錢沒節制外，行事亦荒唐專橫。有一個他家的佃戶，因細故得罪了他，他竟從家中搬來一箱銅錢，一傢伙全都撒在佃戶田中，引來附近的羅漢腳、乞食、小農等，紛紛跳進田裏撿拾銅錢，就這樣，把佃戶辛苦耕種的一畦田地，踩得稀巴爛，所有農作物也全被糟蹋掉了，周金隆則在一旁，拍手叫好。

周百萬留下的百萬家當，就這樣一點一滴的，讓周金隆給揮霍敗光了。

周百萬的故事，是庶民哲學的一個典型代表。

首先，周廷部的發跡，乃因其拾得巨金，卻私下佔爲己有，這個開端便已不夠光明正大。

其後，他又富而慳吝，只顧自己，從未作回饋社會之公益善事，因此，上天安排了一個失信於地理師，而遭「敗風水」的情節。[3]

再加上他沒憐憫心，因貪妄殺生，於是鱸鰻投胎，成了他的獨子金隆，進而敗光了他的百萬家產。

這種輪迴轉世，因果相報的觀念，在庶民間是深信不疑，且引以爲戒的。

我們常說：「三代粒積，一代開空」[4]就是因爲「富二代」、「富三代」不事生產，享受慣了，當然「坐吃山空」，陝西有句俗諺說：「一輩子發，二輩子傻，三輩子

2 有一句台諺稱：「檳榔提進前，代誌一定成」，可見檳榔早前多好用。

3 「敗風水」的情節故事，可詳見〈一鳥二鬮刀，三蛇四蓮花〉一文。

4 開：「國語借音字」，敗財濫使錢之意。

連根挖」。

我們這兒的俚諺講的就更深刻而警世了：

頭代祇鹽搵醋，二代長衫綢褲，三代當田賣租，四代賣子賣某，五代賣公媽香爐[5]

能不叫人深省？

▲富二代若不把錢當錢，「傲倖錢，失德了」，華屋美廈早晚成為一片廢墟。（陳華民畫／色鉛筆）

5 祇：音同「炸」陰平ʧi^{n}，意指白鹽拌飯過日子。

食魚無反

【俗諺輕鬆講】

吃魚時，表面吃完，要吃另一面，戒直接翻轉過來。據說源於「討海人」的禁忌，蓋「反魚」如同「翻船」，歹吉兆也[1]。

【故事說從頭】

討海人天天得同海洋拚搏，只要是靠天吃飯的，一向諸多禁忌，比如忌女人上船，捕到的魚，忌打鱗斬尾等，至於「食魚無反」，筆者小時候住在海陬，經常聽大人提醒，答案只有一個「會翻船」，只覺得打漁人靠捕魚爲生，這種的禁忌很自然，倒也沒去深究。

後來讀到吳槐的《鄉俗漫錄》[2]，言此風三代時已有，《晏子春秋》：「景公游於紀，得緘發現之，中有丹書曰：食魚無反。晏子曰：『食魚無反，毋盡民力乎？』」《通俗編》云：「反平聲，猶以盡食兩面。」

晏子是宰相，君上有所訊，講話自然很政治，這跟鄭玄解釋毛詩一樣，看看就好，本來就是很一般的事，哪來那麼多大道理？

現代人眞的是「無禁無忌吃百二」，吃完一面，說翻就翻，哪管它會翻船還是翻

1 反：讀音ㄈㄢˋ，語音ㄅㄧㄥˋ。有人寫成「翻」，意思倒也接近。今又有人寫成「扳」，音意皆不對，錯寫也。「歹吉兆」，不吉利之意。

2 見民國四十六年六月《台北文物》第五卷第四期。

桌！以前人可不一樣了，小時候被大人耳提面命的禁忌可多了。

譬如：沒吃完的飯菜不可隨便倒掉，會遭雷擊。吃飯要吃乾淨，否則會娶「貓仔某」[3]，或嫁「貓仔尪」。不能以手指月，否則會被月娘割耳朵。女孩子吃飯時不能換座位，否則會嫁兩個老公。見到蛇不能說「蛇無腳」，否則它會追著你跑。夜晚不可以吹口哨，否則會引來魔神仔等等。

而有些禁忌似乎隨著時代及「諧音」而有所改變。

比如：以前人忌送粽子，大概是「五月祭」[4]粽子是給投河而死的屈原吃的，自然不能拿來送人，如今可不同了，「粽」與「中」諧音，考試、選舉，個個拿著一串粽子大喊「包中」，開通得很。小時候見商家新開幕，牆上都掛有人家送的機械掛鐘，有時候還一掛兩三個，蓋閩南語「鐘」與「精」諧音（送的鐘，最好還得是「精工舍」的），做生意就是要「精」，送鐘祝福商家鴻圖大展是再適合不過了，如今個個「講國語」，你送「鐘」（終）看看，不被打死才怪？

談到魚，台灣有兩種原產魚，其命名皆和鄭成功有關，一種是「虱目魚」，傳說成功初入台，廚子煮了一碗魚湯給他吃，國姓爺驚異於此魚如此美味，便問這是「啥末（Sa-ba）」[5]魚？從此便被叫作「虱目魚」，也稱「國姓魚」。

另一種是在夜市常吃到，做成魚羹的「魠魠魚」，傳說因鄭氏部將某都督捕獲這種魚，所以被稱做「都督魚」。事實上虱目魚，又稱「麻虱目」，或「麻薩末」，乃平埔族語音譯，人們總是喜歡把新鮮的事物，同當時的名人作連結，而產生有趣的談助，也是很自然的事，名人效應，古今中外皆然。

3 貓仔某：指麻臉的老婆。
4 閩南話「端午節」叫「五月祭」（Go Gue Zue）。
5 鄭成功是泉州人，「什麼」泉音sa-ma，漳音則說成sia-mi。

目睭霧霧，菝那看做蓮霧

【俗諺輕鬆講】

目睭，眼睛也，意指視力不清，把芭樂看成蓮霧，引申為「錯判情勢」，或看人看走眼。

【故事說從頭】

這句俚諺提到兩種水果，都是荷據時，荷人從南洋引進的。菝那，又叫「菝仔」，或「那拔仔」[1]，如今皆改稱「芭樂」，在大陸則叫「番石榴」；蓮霧，連橫的《台灣通史》曰：「南無，或稱軟霧，譯音也，種出南洋。」可見蓮霧與芭樂一樣，都是光復後才出現的「新詞」。

同樣由荷蘭人傳入的水果尚有檨仔、釋迦、木瓜、檸檬[2]、波羅蜜等，這些熱帶物種都很容易生長，等入清後漢人大量移入時，已是累木成林了，故早前舊地號有「檨仔林」、「檨仔腳」、「拔仔林」等，可見生長之快。

同樣由荷蘭人引進的尚有在台灣被稱做「荷蘭豆」的豌豆，被稱做「番薑」的辣椒，被叫成「九層塔」的羅勒等。

有句俗諺說「檨仔好吃在欉黃的」，「在欉黃」是指掛在枝上就已經黃熟了，這種

1 那拔仔：音Na-ba-a，筆者小時候有個鄰居不知是不是永春腔，說成Na-bu^{n}-a。

2 檸檬：原產歐洲，最初被稱做「番柑」。

摘下來一定好吃，早期的芒果都是「土檨仔」，尚未轉黃的青芒果，其酸無比；後來才引進像愛文芒果這種大顆芒果，剛開始還被稱做「牛孿泡檨」呢。

跟「目睭霧霧，菝那看做蓮霧」同意同格式的俚諺，尚有一句：「目睭花花，匏仔看做菜瓜」，一樣都是早前農民從其身邊事物得來之風趣且幽默的「學問」。

說到學問，我最欣賞這一句：「敢做匏杓仔，就不驚泔糜仔燒」[3]多勵志！這句話的深層意思是，匏仔當菜蔬被摘下，它原是怕熱怕燙的，水一滾，它就爛了，軟了，可是它如今不當桌上食，盤中蔬，偏要挺到老，挺到硬，我還怕你湯湯水水有多熱？多燙！「敢做匏杓仔（p'ut hia-a）」，多麼顧盼自雄，有志氣！

▲長得跟匏仔一點也不像的菜瓜。（卓宜斌攝）

3 泔糜仔：稀飯也，音Am-bue-a，整句話有敢做敢當的意思，類似「沒有三兩三，那敢上梁山」。

咒詛食嘴涎

【俗諺輕鬆講】

咒，「呪」之俗字，咒詛，古書[1]寫作「祝詛」，音ci'yu zoa；嘴涎，唾液也，音thui-lua。詛、涎叶韻。意指咒詛發誓，全是假的，口裏吃自己的唾液罷了。

【故事說從頭】

早期的台語電影，男女主角愛到火熱時，常常會來個「當（對）天立誓，你無娶我無嫁」，以示愛情的堅貞。

台灣人似乎很喜歡咒詛：兩個女人吵架，吵到最後發重誓，有說人家「閒仔話」的，出門「乎車撞死！」[2]；兩個酒鬼爭到耳赤（面本來就紅），要講「白賊」的，「咒詛，爩泡乎爛」[3]；最嚴重的是相互到神明前下重誓，甚至於「斬雞頭」。

記得二十幾年前，很多選議員的常身披「戰袍」到廟裏表演「斬雞頭，立毒誓」的戲碼，用來博取電視新聞的版面，血淋淋的畫面，不只「教壞囝仔大細」，而且野蠻粗暴，太不尊重生命，受到大衆的批評後，如今政客已不再演這齣戲了。

發重誓爲什麼要「斬雞頭」呢？

吳槐先生對此提出他的考據：《博物誌》云：「祝雞翁喜養雞，故世人呼雞曰

1《史記》〈孝文本紀〉：「民或祝詛上，以相約結，而後相謾。」

2 乎：音ㄏㄡˉ，「與予」之拗音。

3 詛、爛叶韻。「爩泡」，陰囊也，音ㄌㄢˇㄆㄚ。

祝。」古祝通呪，呪詛亦作祝詛；祝亦斷也，《公羊傳》：「天祝予。」祝，斷也。斷祝，即斷呪，斬雞者，其意謂人不能決，欲取斷於呪詛者也。

原來斷雞頭是「斷呪」的意思；不過平頭百姓看法比較直接，你沒看見那個在神明前演戲的政客高聲說道：「我若有買票，就親像這粒雞頭！」言未已，手起刀落，血柱直沖，那粒雞頭已滾至地上了。

從心理學上看，咒詛通常是心虛的防禦工事，一個習慣性「劈腿」的情人，最愛在對方面前發誓，他的愛堅若金石！你沒看到發誓他有說過××話，全家死光光的人，還會補上一句「全家就是你家」嗎？

所以，「咒詛食嚐涎」，會相信咒詛的人，應該參一參俚諺說的：「咒詛乎人死」是什麼意思了。

▲台灣多元化的宮廟神明信仰，給人們提供了不同的需求及心靈寄托。圖為八里的「廖添丁廟」。（林玨宏攝）

爬上倒吊嶺，不想厝內的某子

【俗諺輕鬆講】

上，音同「癢」*thu^{n}；不，音mh，「不能」之意。此諺是說，只要一爬到「三貂嶺」，再也不能牽掛著家中的老婆、小孩，心一橫，向前走吧！

此語引申爲一個人對某件事，下定決心幹到底時，便可以說：「好啦，到此地步了，『爬上倒吊嶺，不想厝內的某子』囉，甲衝落去！」

【故事說從頭】

倒吊嶺即「三貂嶺」，地名源於西班牙人命名的「聖地牙哥」（Santiago），閩南語音譯爲「三貂角」，位在今天新北市瑞芳與雙溪兩區交接處。標高六百六十公尺，嶺上有同治六年（一八六七年）冬，台灣總兵劉明燈所立的碑，其中有句曰：「寒雲十里連蒼隴，夾道千樟蔭古槐。」

清嘉慶元年（一七九六年），漳州人吳沙，以六十六歲的高齡，領漳州移民一千多人，正式越過「倒吊嶺」，進入蘭陽平原，當時叫「蛤仔難」，築土圍，開墾斯土，就是今天的「頭城」。

當時北部一些被「田主」剝削得很厲害的小「田腳」，紛紛越過「倒吊嶺」，前來

＊本書探討的是台灣俗諺，故所註之音皆為閩南語。間中遇到鼻聲切音，則加註音同「×」，括號內之字，唸的也是閩南語音。又，本書以通俗易懂為原則，故以ㄅㄆㄇ註音為主，不足再補以羅馬拼音。

尋找新希望。

由於傳言蛤仔難「生番」極其凶惡，因此很多人都把家小留在住地，隻身前往開墾，等安定後，才將他們接到新墾地。

此諺也可看出，當年先民拓墾斯土之斑斑血淚記實。

而淡水廳城另有一句俗諺說：「什麼命，吃著竹塹餅；什麼腳，行到倒吊嶺！」什麼，音「ㄒㄧㄚ ㄇㄧˊ」；此諺，意指「一人一款命」也，有人留在「縣城」吃餅享受，有人卻得千里行腳，出外打拼！這是「萬般皆由命」的無奈俚諺。

男兒出外打拚，自然是爲了功成名就，假使故鄉能有發展，誰願意離鄉背井，進入一個風險處處的異地？滇西有句俗諺說：「要走芒遮壩，先把老婆嫁」。

滇西的芒市（今潞西）、遮放，通稱「芒遮壩」，在畹町市北，早前此地多瘧蚊，爲瘴區，很多人經過此地，多患瘧疾而亡，但滇西人要到緬甸闖蕩，都得經過此，故而有此諺。

換個角度，當地人則說：「有姑娘別嫁綺羅和順鄉，十年守寡半年雙」。

因爲這兩地的男人，婚後床褥都還沒睡煖，就得前往緬甸做生意討生活，衣錦還鄉的不是沒有，絕大多數是生意失敗，羞於回鄉而客死異國的多，也就怪不得人家不願將女兒送去當寡婦了。

黑貓穿裙無穿褲，黑狗穿褲激拖土

【俗諺輕鬆講】

黑貓、黑狗，爲日本時代對時髦男女的稱呼，這句俗諺形容當時的一種社會風尚，即流行訊息也。

【故事說從頭】

現在，我們稱時髦、漂亮的男孩、女孩，叫「帥哥」、「辣妹」。光復初期，則稱：「緣投仔樣」[1]、「美查某囝仔官」。

可在日本時代曾流行一句很新的名詞，叫「黑（烏）貓」、「黑狗」，用來形容新潮、摩登，又愛現的女孩跟男孩。

不過，由於當時民風尚保守，這句名詞可是帶點貶意。一般大衆對黑貓、黑狗並無好感，當時有首「歌仔」即唱道：「黑貓穿裙無穿褲，黑狗穿褲激拖土，欲娶[2]黑貓去散步，腳骨若酸坐草埔。」

所謂「穿裙」，是指時髦女性喜穿「洋裝」；而黑狗兄，因彼時流行「喇叭褲」，所以說「激拖土」[3]。

抗日義士洪朝宗先生，年輕時和他的太太黃細娥女士尚在談戀愛時期，某晚，兩人

1 樣：日文漢字，意即「先生」，今皆依音書為「桑」。

2 娶：「帶」也，閩南語俗字寫成「𤆬」，取毛被火燒著，所發出之聲，與「泵」為同一造字格式。

3 激：閩南話借音字，「裝作」之意，例如：「激庫庫」、「激甲若在室的」等。

在圓山附近的「敕使道」（今中山北路）上，併肩散步談心，被當地的流氓誤以為是黑貓跟黑狗[4]密會「坐草埔」，結果將他們兩人綁在路旁樹上，凍了一夜的露水。

這事跟現今帥哥、辣妹們，當街摟摟抱抱，甚至旁若無人的親嘴行為比起來，眞是不可同日而語矣！

同樣因爲習俗觀念不同而產生的落差，前清時，北京有這麼一句俗諺說：

雞不叫，狗不咬，婆娘女子滿街跑。

北京城郊的鄉下人來到京城，看見滿大街的婆娘已叫人吃了一驚！咱們漢家女子大門不邁，二門不出，哪像她們旗人婆娘，成群結隊逛大街？這不打緊，竟然把狗兒抱在懷裏？狗兒不叫、不咬、不看門，還叫狗兒麼？

別說北京，咱們台灣日據時，不是也有一句童唸，提到日本婆娘，說：「人抱嬰[5]，偲抱狗，人睏紅眠床，偲睏屎礐仔口」[6]麼？假如當年這些人曉得如今廿一世紀的狗兒，不只不吃屎，還享受牛排大餐，外加上美容院修狗爪，豈不爲之氣結，道聲：「好狗命！」

4 有句俚諺說：「猶貓哮，猶狗走」，是形容發情男女之現象，依早前保守之民風來看，我認為所謂「烏貓」、「烏狗」，一開始應該是帶有貶意的，只是隨著社會風氣的漸漸開放，最後見怪不怪，變成通常性的流行詞了。

5 嬰：泉音i^n，漳泉e^n。

6 偲：音ㄧㄣ，他們；睏，睡覺；屎礐仔，廁所。日式建築，廁所與住處相連，故稱他們「睏屎礐仔口」。

童乩偷刣豬，看著巡查走去避

【俗諺輕鬆講】

童乩，童，音「ㄉㄤˇ」，「童乩」即乩童，道教作法時之神明「代言人」；刣，為「屠宰」之俗字；避，音boi，走[1]去避，謂跑去躲藏也。

此諺為日本時代之一社會現象的寫照。

【故事說從頭】

清代沒有警察制度，日人入台後，地方治安之維護，以警察主之，稱為「巡查」，主管機關叫「警察署」，基層單位為「派出所」。

當時一般百姓依清代習慣呼之「警察衙」；巡查則敬稱為「巡查大人」或「大人」，這樣的稱呼，一直到光復後初期，鄉下老百姓依然沒變。如今警察地位下滑，什麼「警察仔」、「戴帽仔」等稱呼不一而足，叫聲：「管區的」，算是尊敬了。

日本時代警察有多威風，從下面這首童謠可以明顯看出：

杏仁茶、杏仁茶，抓去警察衙，雙腳跪齊齊，大人啊，後擺我不敢賣！

這雖然是笑話，不過可以看出當時「執法」之嚴。

日本時代，尤其後期，宰殺豬隻需經許可，私宰被抓到，少不得是一頓毒打，搞不

1走：閩南語慢步謂「行」，快步叫「走」，這是古音古字。《說文》：「走，趨也。」《孟子》：「棄甲曳兵而走。」日文同閩南語一樣，皆保留了漢音唐語，所以賽跑叫「競走」，飆車族則叫「暴走族」。

好還會當衆吊起來灌屎灌尿，以爲「刣雞教猴」！[2]

私宰，當時不行，就算現在「走去避」也是社會現象，否則哪來的「病死豬肉」流入市面。

▲日人筆下的台灣道士。（見《風俗畫報臨時增刊・台灣征討圖繪》）

2 刣雞教猴：「殺雞儆猴」閩南語說法，由於發音之不同，很多成語是不可直接唸的，否則自己咬到舌頭，別人還一頭霧水呢！例如：「吃裡扒外」，閩南語要說成：「吃碗裡洗碗外！」

自動車運轉手，藝妲間相爭拉

【俗諺輕鬆講】

自動車，即今言「公共汽車」：運轉手，日文「司機」之意。妲，爲俗寫字，藝妲，即「藝旦」，唱曲侑酒之歌妓。藝妲間，在此泛指風月場所；拉，音kiu，相爭拉，即「爭相拉」也。

日據時公共汽車司機屬高收入之技術行業，所以出入風月旗亭，妓女走番（轉枱），爭相拉扯，吃香的很。

【故事說從頭】

公共汽車這種交通工具，台灣是在日據時期才出現的。以基隆爲例：

日據初期的大衆交通工具，是所謂的「流水馬車」。馬車，當然是用馬拉的車，因爲老闆是日本人「流水伊助」，所以叫「流水馬車」。後來賺了錢，改買自動車營運，起先依例叫「流水巴士」，後來改稱「安全巴士」。

到了昭和十一年（一九三六年）左右，才收歸市營，成立「自動車課」。

當時的自動車，門是開在後頭的，車子小小的，有兩層，一次約可載四十人，基隆市區繞一圈，車資約一塊錢。

由於自動車運轉手屬技術性專業人才，因此，不怕沒頭路*吃，收入也好，當然受歡場女子歡迎，跟如今每部公共汽車車廂後頭，常常掛著「徵司機」的廣告，又留不住人的窘況，眞是不可同日而語。

▲火山孝子迷戀藝旦，終至床頭金盡的故事，常是戲劇搬演的題材。（民國四十七年五月廿五日聯合報電影廣告）

*頭路：閩南語「職業」之意，即「固定安穩之工作」；有賺頭的生意，則叫「利路」。

愛騷，膾曉去豬哥寮

【俗諺輕鬆講】

騷，音Hiau，女人花痴也；膾曉去，不會去，反問句，就是「去」！

此諺用來譏諷生性淫蕩，喜歡招蜂引蝶的女人，既然那麼風騷，乾脆到私娼寮賺錢算了。就現在的說法該說成：「愛騷，就去寶斗里賺！」只是少了韻腳不成句型。

【故事說從頭】

豬哥寮，在現在台北的蓬萊國小與靜修女中之間的民生西路上，原稱「田寮仔」，早前有一專為人繁殖種豬的豬寮，就是「牽豬哥」者之豬舍，附近私娼甚多。騷、寮，叶韻，故成此諺。

女人花痴叫「騷」，男人「色霹霹」叫「嬲」，閩南語音「ㄑㄧㄡ」，艋舺有一句：「那嬲，刹膾曉去乎慶貴嫂仔招！」[1]

慶貴嫂仔為私娼寮老娼，旗下妓女五六十名，「招」即入贅之意，也就是當慶貴嫂的女婿，包你天天照三餐換一個來爽，不出三日就得學西門慶到極樂世界報到去，同樣都是譏人淫蕩好色的反諷語。[2]

1 閩南語俗字，將女人花痴之Hiau，寫成「嫐」，今從國字之意，改為「騷」。

2 有採諺者，寫成「若閒，膾曉去乎慶貴嫂招」，「閒」與「招」不叶韻，且意義未若「嬲」（ㄑㄧㄡ）來得正確，故改之。另外，前輩採諺者將之解釋為「慶貴嫂」吃神很大，這些「秋豬哥」是去當她的入幕之賓，同她上床云云：這真是黑狗的帳賴到黑貓身上了，所謂「招」是指天天到「慶貴嫂那兒」報到，上床的人是妓女，干慶貴嫂「蜜代」（啥事）？

五分埔要吃痟，狷病院兼豬哥寮

【俗諺輕鬆講】

五分埔，位在今松山區忠孝東路以北，基隆路以東，八德路以南一帶。早期開發時，因有何、周、沈、杜、李五姓合墾，故稱「五分埔」。

痟，閩南語俗字，音「ㄒㄧㄠˊ」男人之精液。吃痟，是一句粗話，說成「要吃痟」，或「吃無痟」，皆睥視「無路用」、「無彩工」之意。

狷，「瘋」之俗字音ㄒㄧㄠˋ，狷病院[1]，即「瘋人院」[2]。

這句俗諺是當地人對自鄉的不滿所發出的怨言，當然，住在窮鄉僻壤誰能不自怨自艾。

【故事說從頭】

五分埔，在今天松山區的永春、五全二里，此地東接中坡路，隔一水，俗稱「港仔溝」，與後山埔爲鄰。可是兩地地質迥異，後山埔多沙層，而五分埔卻多粘土層。

往昔農業社會，五分埔粘土質地耕作不易，水稻發育慢，收成少，所以當地有句俗諺說：「五分埔錢鹹，五分埔土粘。」

可見此地生活之窘困。而附近村庄人家，也大都不肯將女兒嫁到這個貧民區來，因爲：

五分埔土粘，五分埔查某雜唸。

1 痟、狷：閩南語形聲俗字，通常是左偏旁指事，右邊借音。精液雖非病，但也不怎麼乾淨，所以將它歸入跟「㾜㾃（痲瘋病）」同類：「狷」雖然是病，但行為舉止不正常，於是，便被劃歸動物類了。

2 病：泉音ㄅㄧ˙。

柴、米、油、鹽、醬、醋、茶，樣樣缺，還得整天做粗工，不「雜唸」也難。

到了日本時代，由於台北瘋漢不少，常常在街上遊蕩乏人照顧，於是政府計劃興建一所精神病院，收容這些被遺棄的病患。

昭和九年（一九三四年）成立了「錫口養神院」，地點就在五分埔，光復後，改稱「省立錫口療養院」，如今早已搬離。以前友朋間調侃對方「發神經」、「胡言亂語」什麼的，都會說：「把他送去松山！」或「松山猶病院出來的！」等，指的就是這裡。

至於「豬哥寮」，乃因今日松隆路與虎林街口，以前有座土地公廟，專飼養豬哥，從事配種，故稱「豬哥寮」。

五分埔在彰化縣的芳苑、二林、溪湖一帶北上謀生人等，將這兒發展成小型的「成衣加工區」後，早已不可同日而語，如今隨著「信義計劃區」的大躍進，一〇一大樓拔地而起，這兒的土地，若非「城市新貴」、「頂尖豪族」，碰都別想碰了。

▲五分埔為全省平價潮服集散地。（唐昀萱攝）

上卌，就𣍐攝

【俗諺輕鬆講】

上：就也，達到之意，音同「癢」Chiū^{n}；卌，四十也；音同「澀」Shiap。

人一到了「四十歲」這個關卡，心智漸趨成熟，行事也較不會衝動，但相對的，某一方面卻也漸漸地無法隨心所欲，所謂「月過中秋光明少，人到中年萬事休。」

這句話常是男性友朋間的一句笑譚，「𣍐攝」乃嘲弄對方「無伊法」啦，省省吧，乃相互「漏氣」的話。

【故事說從頭】

孔子說：「四十而不惑」，這是心理問題，俚諺「上卌就𣍐攝」，則是純生理問題。

男人過了四十歲以後，體力、精力逐漸走下坡，「子彈」的補充能力漸弱，所以「𣍐攝」，既然𣍐攝，開源節流就變得非常重要，陳松勇在電視廣告上拍腰桿說：「四十歲干那親像一尾活龍！」要像一尾活龍在雲雨間穿梭來去，還得有「撙節」[1]的工夫，否則，早晚變成「一條蟲」。

在傳統男尊女卑的社會，男人一向採取主動，而女人則屬被動，敦倫一事，亦復如

1 撙節：節制，省著點用之意，音Zun Za^{n}。

此。

但性的需求，因人而異，女人也有她的需要，有句俚諺說：「三十討飢，四十討騷，五十損破人豬稠」[2]就是用來形容「吃神」重的女人。

女人過了三十歲後，由於經驗的累積，心智與性能力逐漸成熟，反而會採取主動，要求行房事，此時恰如飢餓要飯吃，乃正常的現象；過了四十，則有點「騷勁」了；倘若過了五十歲以後，還天天要求老公「幹那檔子事」的話，則可與武則天媲美，所謂「花痴」也，這是一種「性飢渴」現象，所以說「損破人豬稠」，恐是病態矣。

▲有健康的身體，就會有美滿的性生活。（陳華民攝）

2 騷：女人好色叫騷，音Hiau；損：俗字，打破叫「損破」；稠：俗字，家畜之豢養處，音Diau。

驚死暝暝一，不驚暝暝七

【俗諺輕鬆講】

驚[1]死：怕死之意；暝：晚上。

這句話是說夫妻敦倫事，怕死的話一個晚上一次就好，不怕死的話，一個晚上來個七次也行，這是一句警世語，可不眞要你去當「一夜七次郎」。

【故事說從頭】

不知道什麼時候起，坊間流行一句「男人話」，說「上帝公平的給每個男人一定數量的『子彈』，年輕時縱慾過多，老來將『彈盡援絕』！」

此言頗具「勸世」，雖然專家不敢苟同。

這句俚諺亦有此味兒，二十啷噹歲的年輕小伙子，體力、精力充沛得很，加上初嚐「蘋果滋味」，難免百吃不膩，所以告誡之曰：「惜命怕死者，一個晚上吃一次可也，不怕死的話，每晚咬它七口看看？」

「七」、「一」叶韻，概言多也，若眞的每晚七次，恐怕得看醫生了。

此諺其實是反諷句法，表面上說「不驚」，其實是要你驚也，凡事都該有節制，敦倫之道，重質不重量，免得吃多了，噎著。

1 驚：音ㄍㄧㄚ°，閩南語「害怕」叫驚。《史記》〈秦始皇紀〉：「二世大驚，與群臣謀曰：奈何。」

其實，男人的性能力，是與年歲成反比的，有句俚諺說：「二更更，三暝暝，四算錢，五燒香，六拜年」[2]。

二十啷噹歲時，體力旺，精力盛，行房次數，一個晚上來個幾回合都沒問題，可以用「打更」數來計算；三十歲以後稍差，一個晚上只能一次，過了四十，可就得如數金錢般一五一十的算計，開始「節流」了，五十歲以後，體力漸衰，行房如燒香拜拜，初一、十五，一個月兩次看著辦；而六十歲以後，則只能一年一次矣。

中國人談起「性」事，一向遮遮掩掩不可說，反倒是俚言諺語，對飲食男女一道，提供了某些「基本準則」，此諺也許沒什麼學理根據，倒也合乎生理衛生。

謹供參照，未可全抄，敦倫之事，「量力而爲」，方爲佳策。

▲敦倫之事，量力而為，方為佳策。（雜劇《月露音》插圖）

2 更，音ㄍㄧ°，暝ㄇㄧˊ°，錢ㄐㄧˊ°，香ㄏㄨ°，年ㄋㄧˊ°；「°」為半鼻音，音同泉音之「嬰」。

死貓吊樹頭，死狗放水流

【俗諺輕鬆講】

這是早前農業社會的民俗習慣，貓狗皆不土葬，一吊樹頭，一放水流。如今已沒有這種現象了。

【故事說從頭】

我們常看到貓從很高的地方摔下來，卻仍安然無恙，故謂「貓有九命」，閩南語說的「韌命」，打不死，死了反而會討命，若埋入土中，吸取天地精華則成妖，所以貓死了要吊在樹頭，任日曬雨淋，直到魂飛魄散為止。

而狗則據說都有陰陽眼，在鄉下常聽到狗三更半夜「吹狗螺」[1]時，隔天必有老年人過世事，因此狗也被認為會成精的獸類，同樣不可土葬。

吳槐先生在他的《鄉俗漫錄》中提出考據說《玉屑》記載：

「貓種出自天竺（印度），不受中國之氣，故不埋在土，而掛於樹。」

至於狗屍放水流，則是因「犬」字古文與「火」形近，依五行說「水能剋火」，故投諸水中以厭之。[2]

小時候在鄉下路旁常見死貓吊樹頭的景況，實在很不衛生，如今此風已廢，貓狗還

1 吹狗螺：傳說狗若看見「異物」時，會昂首發出又長又淒其的聲音，極像「吹海螺」聲，俗謂「吹狗螺」。

2 以前人稱「狗上屋頂」，乃火警之兆，因火犬古文形似，犬上屋，即「火上屋」，須以瓦盆盛水置屋脊以禳之，謂「置雨壇」。

都有其專屬的靈骨塔呢。

有句俚諺說：「豬來窮，狗來富，貓來起大厝」，故早前狗兒常被叫「來福」、「來富」、「來旺」等。

據《五行書》言：「白犬虎文，南斗君畜，可致萬石也。」

狗來雖然會富，但狗的叫聲實在很討人厭，所以在KTV唱歌，五音不全兼又死吼亂叫者，就會被罵聲「狗聲乞食喉」了。

提到貓，不能不提鄧小平的一句名言：

白貓黑貓，能捉老鼠的就是好貓。

這句話，後來被kuso成：

白貓黑貓，趕快下台就是好貓。

看來對於貪官污吏的反感，哪兒都一樣。

由於早前見到的貓都是花斑貓，因此閩南話稱麻臉者叫「貓仔面」[3]。有一首「童唸」是這樣說的：

貓吔貓鼈豹，放屎糊蚊罩，蚊罩洗鱠嚕，掠貓吔起來折腳骨，折幾支，折三支，一支打鑼，一支打鼓，一支關渡迎媽祖。[4]

「童念」為求順口，經常「竹篙逗菜刀」的胡扯一通，但求好玩而已，這首最後竟能扯到「關渡[5]迎媽祖」，也夠突梯了。

3 貓仔：亦可寫成「貓吔」，音ㄋㄧㄠ ˙ㄝ。

4 貓鼈豹，指臉頰坑坑洞洞貌，音ㄋㄧㄠ ˙ㄅㄧ ㄅㄚˇ。嚕，借音字，音ㄌㄨ，洗鱠嚕，言洗不下來。

5 關渡，音ㄍㄢ ㄉㄠˉ，最早稱「甘豆」，蓋「番語音譯」也。

雞母啼，磔頭挾紙錢

【俗諺輕鬆講】

雞母：母雞也；磔：以刀用力望下砍，音Duo^{n}；紙錢：冥紙。

國人一向認爲「牝雞司晨」是不正常的，所以見到母雞直著脖子高叫，乃凶兆也，會「破家」（「破雞」諧音）必須斬下牠的頭，紮上冥紙，掛在竹竿上，插在路旁禳災息厄。

【故事說從頭】

說起來，當台灣雞很不值得，提供雞肉給人家食用，沒人感激牠，卻把所有壞的、爛的通通往牠身上堆。

說大話叫「噴雞規」[1]，眼睛看不清叫「雞仔目」，眼珠子長不對叫「鬥雞眼」，自己皮膚不好，還說是「起雞母皮」，最糟糕的是行爲不正，「雞姦」關咱們雞公雞母啥事？

就說說俚諺吧，心胸狹窄的人叫「雞仔腸鳥仔肚」，不自量力學人家表演的叫「閹雞趁鳳飛」，自己沒「才調」，「飼雞飼到變伯勞」，干咱啥事？連拉個屎還要被嘲笑「雞屎落土三寸煙」[2]，最叫人不解的是，動不動說要斬咱們雞兄弟的頭。

1 噴雞規，有人將它寫成「雞胿」，「胿」似乎是自創字，若是借音，「圭」閩南語跟「雞」同音，「雞胿」豈不要唸成「雞雞」了？

2 意即再弱的人，也有那麼一點志氣與力量。上兩句：閹雞指閹過的公雞；伯勞，音b'it lou。

在神明面前立毒誓要斬雞頭，司[3]公作法也要砍雞頭、灑雞血，連雞媽媽不小心吃到含雄性賀爾蒙的東西，叫個兩聲也要遭「磔頭挾紙錢」的酷刑？

自從人權意識高漲、「勞工權益」受到保障後，如今各個「頭家」都很小心，尾牙宴的大餐，都不敢讓咱們雞兄弟「全屍」上桌，端上來的，全是「無頭雞」[4]吃吃喝喝是你們爽，咱「雞頭」又礙著你啦？

還好，由於咱們雞兄雞姐們很會「筅」（音ㄑㄧㄥˊ），有事沒事都在地上扒土翻沙找食物，讓人類大為激賞，而有了「做雞著筅，做人著翻（ㄅㄧㄥˊ）」的俚諺，用來教導他們那些「死坐活食」的懶骨頭兒女，學學雞哥雞妹吧，看人家多勤快，做人若不「討趁」，以後就「卻角」[5]嘍！

▲傳統農家門前都有大曬穀埕，可以讓雞隻筅土覓食。（陳華民畫／水彩）

3 這是俗寫字，作法的法師早前社會地位不高，不可以跟「老師」相提並論，故以「司」字代之。現在我們稱工匠例如「阿×師」，在從前要寫成「阿×獅」，蓋下九流人也。

4 早前尾牙時，雞頭指向何人，那人就要捲鋪蓋走路，有說「雞頭」與「加頭」同音，是說那個人乃工廠多出來的。「加」與「雞」同音，僅限於漳音，泉音雞叫ㄍㄨㄟ根本不同音。我以為這應該是跟祭神有關，凡用禽類拜拜的牲禮，都會將禽首轉向，或塞入翼中，蓋鳥喙多銳利，把尖嘴對著神明乃大不敬。因此，尾牙宴時被雞喙對著的人，意即老闆暗示，全公司中，我最討厭的人就是你，你還待得下麼？

5 討趁：工作賺錢；卻角：沒出息，廢人一個，音ki'yo kak。

做牛著拖，做人著磨

【俗諺輕鬆講】

著：「就要」之拗音，音Diyo。

這句話是說：當牛就要乖乖地拖著犁筢耕地，做人也得認命地在田地裏勞動。這是農業社會守本份的農民之自我認知。

【故事說從頭】

牛，是早期農民勞動的最好幫手。台灣本來沒有牛，是荷人從南洋將牠運來的。荷蘭人引進的是印尼產的黃牛，台灣人稱之爲「赤牛仔」[1]；目前在鄉間還會見到的水牛，則是康熙末年閩粵移民由大陸帶進來的。

很多人提到吃苦耐勞，勤奮樸實，第一個想到的就是水牛，台灣人也常愛以「台灣水牛」自況爲傲，早前農村常可見到牛在拉車、拖犁，或悠閒地吃草、泡澡的畫面。

就因爲牛與人類接觸頻繁，所以有關牛的諺語也就特別多。

小時候最常聽到的一句是：「慢牛厚屎尿」[2]，牛和人一樣，也有「懶骨頭牛」，走沒兩步就停下來拉屎，一會兒又要撒尿，通常做父親的罵自己的小孩做事拖拖拉拉的，就會用這一句。

1 閩南語稱黃牛叫「赤牛」乃古語，《左傳》襄公十年：「而賜之騂旄之盟。」杜預注：「騂旄，赤牛也」。

2 厚：音ㄍㄠ˫，這裏當「多」解。

有一種人在外頭猥瑣怕事，可在家裏光會欺侮自家兄弟姐妹，便可說他是「牛稠內惡牛母」。牛的個性直，不會變通，所以罵人家笨，就說他「牛就是牛，牽到北京還是牛」[3]。

由於牛對人類的貢獻很大，以前人是絕對不吃牛肉的，本地普遍食用牛肉，似乎是光復後，大陸人士帶來的風氣。

清代時，政府還明令嚴禁宰殺牛隻，甚至立碑示禁。

傳說乙未割台時，台南有個叫吳得的人爲了賺日本人的錢，買幾隻老牛宰殺後，將牛肉賣給日本軍隊，因此發了一筆橫財，每日出入藝旦間狂歡，人家都喊他「牛肉得仔」。但他也自此晚上惡夢連連，不是被牛群繞著轉，就是被踢、被牴，最後到「岳帝廟」向牛爺祈求赦罪，病才痊癒，屠牛的生意也收了，家境便從此中落。

由於以前人是不做屠牛這一行的，故諷刺人不會做生意，愈做愈差叫：「生理做到咧刣牛，事頭做到撿蕃藷」[4]。

人活在這個世上，只要肯做事，總會有屬於自己的機會，老一輩說的：「甘願做牛，免驚無犁通拖」[5]。

「拖磨」雖是認命的自覺，但，唯有堅持理想，努力不懈的人，才能獲致最後的成功，甜美的果實，「做牛著拖，做人著磨」，告訴我們的，其實只是一個極簡單，卻是千古不易的道理：「寶劍鋒從磨礪出，梅花香自苦寒來」。

3 還是：音ㄇㄚˇ ㄒㄧˉ。就：音˙ㄉㄛ。

4 咧：借音字，「在」也；到：音˙ㄍㄚ；刣：俗字，宰殺之意；事頭：音Si^n Tau，工作也；撿，音ki'yo，舊俗字寫成「卻」；蕃藷：音ㄏㄢ ㄗㄨˊ。刣牛與撿蕃藷，只有投機客與窮到沒出路的人才會做的事。

5 通：「通好」之拗音，「可以」之意。

廳頭姑，房內姨

【俗諺輕鬆講】

廳頭：舊民居之大廳，是男人聊天談事情的地方；房內：指家眷居處。

這是一句體現舊時代出嫁女子回娘家的現象。也平實的描繪出親戚之間的關係與人情世故。

【故事說從頭】

父親的姊妹叫「姑」，母親的姊妹謂「姨」，姑與我們同姓，所以有句俚諺說：「姑疼孫，同字姓」[1]，姨則跟母親同姓。因此，出嫁後的姑姑，一回到娘家，必先到「廳頭」轉轉，同父母兄弟們招呼聊聊，因為這是她自小長大的地方，熟悉到勿須人帶路，即可穿門入戶。

而阿姨到親家走動，則不同了，除了我們的母親外，其餘對她來講都是「外姓」，因此，每回一來，很自然的走進自己姊妹的房間，訴訴親情，談談自家的大小事，可說不足怪了。

提到親戚間的關係，有句「查某子賊，灶腳子婿」也很傳神。

女兒回「外頭厝」，媽媽總會大包小包的讓她帶回家，一方面為人母者體恤女兒嫁

1 孫：閩南語「侄兒」叫「孫仔」。

入別人家門，可不比在自己家，要什麼有什麼，自然心疼女兒「捧人的飯碗」不易，另一方面則向親家母顯示，我這女兒我可是「疼命命」，什麼吃的穿的都捨得給，暗示親家母也得善待她也。

但做父親的見兒女每次回來，家裏便少這減那的，自然不禁慨嘆一聲：「查某子賊」了。

而陪老婆回娘家的女婿，在廳頭同老丈人聊一下後，便會識趣的轉至灶腳找丈母娘，又是問安捶背，又要幫著做這個提那個，「丈母娘看女婿」，本就愈看愈有趣，這會兒更是高興得合不攏嘴，猛讚自己沒看走眼，一個「半子」抵得上十個全子。

半子、女兒再好，可都在遙遠的「彼平頭」過日子，還是無法朝夕請安，承歡膝下，所以有句俗諺才會說：

不孝的媳婦三頓燒，有孝的查某子半路搖[2]。

▲房內姨一見面就有聊不完的話題。（陳淑惠提供）

2 這句俚諺並不是說媳婦不孝，強調的是媳婦再怎麼不好，三餐總是煮好等咱老倆口用飯，而嫁出去的女兒，畢竟那一頭還有公婆要照顧，哪能隨時跑回來侍候老爸老媽呢？廣播主持人克林曾以這句俚諺創作一首歌，用他草根性十足的歌喉，將那種感覺唱得靈活靈現，很能展現幽默的庶民情境。「半路搖」，也有說成「過路搖」或「路咧搖」，意思都一樣，鞭長莫及也。

囝仔人腳倉三斗火，也會煮飯，也會炊粿

【俗諺輕鬆講】

整句俚諺，用廈門音（即台灣通稱的「海口腔」）來唸，會較有韻味。火，音ㄏㄜˋ；煮，音ㄓˋ；炊：音ㄘㄨㄟ；粿：音ㄍㄜˋ；「斗」、「煮」，唸時尾音要清楚發出，然後滑入下一個音。也，音˙ㄧㄚ，廈音則唸成˙ㄚ。

這句話是說小孩子陽氣旺，活力足，屁股就像夾著「三斗火」一般，活蹦亂跳，不怕冷，不容易生病；說能煮飯，能蒸糕點，只是誇張的形容詞，「火」與「粿」叶韻，因而唸起來順口又好玩，是常被大人提起的一句俗諺，語氣中飽含了疼愛與自許。

【故事說從頭】

小孩子是父母的心肝寶貝，嬰兒時期抱在手中，聞著「頭毛臭雞酒味」[1]，心頭滿是自足。

隨著年齡的增長，「二歲乖，四歲睚[2]，五歲押去刣」，爲人父母者就得注意小孩的教養，別讓他養成不良的習慣，人說「命入骨，用刀削鉤剹」[3]，其實是在囝仔時期就可以預見的，所謂「三歲定命」，爲人父母者，能不謹慎？

所以，教育就得從二歲時著手，直接教導他做對的，並不需要講出什麼大道理，兩

1 因為母親要吃「麻油雞」補身子，所以嬰兒身上都會有一股雞油味。

2 睚：指「睚拗」（音Gai Giou），閩南話有兩種意思，①不自在②拗彆倔強。這裏指第二則。

3 剹：音：Lu^{n}，意指「剔骨剮肉」。「削鉤剹」言削不下來。

歲的小孩都很乖巧，懵懵懂懂，似懂非懂，教他做什麼，他就會做什麼，這時候，養成正確的行爲、動作很重要。

到了三歲，他們的活動範圍廣了，可能會從外頭學來一些不雅的口調，不良的行爲模式，這時候，就要隨時給予改正，並且告訴他爲什麼這樣做不好，讓他有一個正確的行爲準則。

等到了四歲時，孩子開始有了「自我意識」，「睚拗」起來，例如，吵著要吃「麥當勞」，不帶他去就發脾氣等等，做父母的就得耐心的開導他，不能一味縱容，否則到了五歲時他便會爬到你的頭上，管也管不住，氣得做父母的眞想捉起來痛打一頓呢。

俗諺說：「細漢偷挽匏，大漢偷牽牛」，講的不

▲做父母的都希望自己的小孩快快樂樂，健健康康地成長。（卓宜斌攝）

光光指「偷」這個行爲，所有偏差的行爲，都應在學齡前好好教導，與予改正，否則「三歲著皮，五歲著骨」[4]，接下來的教育就更難爲了。

愼始，是教育小孩的重要課題，不可偏廢。

爲人父母者，若能從小就重視孩子的品格教養，用心培育、看著他們頭好壯壯，天天腳倉夾著三斗火跑來跑去，那是多麼叫人欣慰的事呵！

所謂「有子萬事足」，那個子，也必須是爭氣、上進的，是不是。

4 著：緊緊附著其上，音ㄉㄧㄠˊ，著皮指輕附其上，著骨則已深入其中矣。

美國出淡馬膠，台灣出土腳

【俗諺輕鬆講】

淡馬膠，或說成「淡阿膠」，瀝青也。*

這是從「美援」延伸出來的一句俗諺，意指兩方面有不平衡的付出現象。

【故事說從頭】

政府撤退來台後，一切基礎建設都得從頭開始，包括道路工程，從民國四十年起，到五十四年間，台灣每年平均獲得約一億美元的援助。我們所熟悉的東西橫貫公路、麥克阿瑟公路、西螺大橋等建設，全是受惠於「美援」，因此才有這句「美國出淡馬膠，台灣出土腳」的俚諺。

由於「出土腳」一方，幾乎只受而不需付出，因此成爲友朋間的調侃用語。例如兩個朋友共同做某件事，你忙個半死，對方卻輕輕鬆鬆坐享其成，便可譏道：「嚄！我出淡馬膠，啊你攏出土腳。」

同樣的，對於不勞而獲的東西，或「吃免錢」的食物，也常以一句「美援的」喔！做爲笑談。

* 有一首童唸是這樣說的：「淡馬膠，粘著腳，叫阿爸，買豬腳，豬腳塊仔滾爛爛，餓鬼囝仔流嘴涎（ㄋㄨㄚ-）」！

府城篇

草地人驚掠，府城人驚食

【俗諺輕鬆講】

草地人[1]，猶言「莊稼人」；府城，指「台灣府」所在地，今台南市。掠，語音「ㄌㄧㄚ¯」，此處指捉拿法辦。「驚掠」猶言「怕官府」；食，語音「ㄐㄧㄚ¯」。

這句台南地方俗諺，說明府城人與草地人之不同心態。

【故事說從頭】

明鄭設都城於現今的台南市，稱爲「承天府」，入清後改置「台灣府」，故稱「府城」，府城爲當時全台行政、文化、經濟中心，街市繁盛，人氣鼎沸。府城住民自稱「府城人」，大都是業戶、殷商，或者是衙門當差的及科甲之家，向來自認高人一等。因此，稱居住在附近平野，從事農耕工作者，叫「草地人」，住在海濱，以討海捕魚爲生者叫「海墘人」，或「海口人」。

府城既然爲行政中心，府城人當然掌握了一切的政治資源，並擁有公私田產，成爲富裕之業戶，而草地人則爲其佃戶。業戶可以不勞而得，佃戶，卻是勞而無所得，這種不公平的社會階級，自然產生了兩極化的社會現象與處世態度。

草地人除了汲汲從事農耕工作外，還得三不五時，挑些「土產」進城向業戶進貢，

1地：泉音ㄉㄨㄟ¯。

以討他的歡心，保持耕作權的恩典。當時有首童謠，可以看出草地人的寒酸愁苦狀，童謠是這樣唱的：

草地人，有記認[2]，扁擔油管秤，臭腳黃酸面，腹肚圓輪輪，雨神（蒼蠅）蚊仔帶甲歸大陣！

當草地人向業戶家「納租」送土產時，業戶雖慳吝，少不得還是要擺些粗菜便飯相待。誰知草地人從事勞動慣了，吃起飯來，也不含糊，一傢伙幹掉五、六大碗是常事，經常吃得碗底朝天，嘴角全油湯才罷休，嚇得府城人大喊吃不消，所以說「府城人驚食」。

而府城人向來與官府素有來往，走衙門，行官邸，如同「走灶腳」自然不怕官。然而，忠厚老實，只知埋頭種稼的草地人，大字識不了半個，「衙門」兩字看來像「街門」，平素既不交官，更是怕官，尤其怕業戶豢養的爪牙來「收租」，所以說「草地人驚掠」。

此諺說明了有錢人的「凍霜」[3]，與鄉下人的「怕事」，當是封建時代的民風寫照。

▲日人筆下的清代「布政使司衙門」。（見《台灣名所圖繪》）

2 有記認：是說有標誌可以看得出來。

3 凍霜：閩南話吝嗇之意。

草地胡蠅，不曾吃著縣口香餅

【俗諺輕鬆講】

草地，猶言「鄉下」，府城人對府城以外之地，皆言「草地」；胡蠅[1]，即「蒼蠅」，「草地胡蠅」，乃鄙言其粗俗、草包也。

這句話是城裡人，嘲笑草地人沒見過世面，就好比「劉姥姥進大觀園」，看這個也叫讚，看那個也喊奇，好像蒼蠅沒叮過香餅似的。

【故事說從頭】

清初台灣置一府三縣，台灣府府治設在今台南市，故稱「府城」，二層行溪[2]以南稱爲「鳳山縣」，急水溪以北爲「諸羅縣」，兩地中間，則稱「台灣縣」。

台灣縣衙設在今「赤嵌樓」北，現在的「成功國小」乃其舊址，赤嵌樓前之舊街，因位在「台灣縣衙」前，故稱「縣口街」。

清代時，此街有多間餅舖，調製的糕餅，叫「縣口香餅」，是極平常的一種酥餅。但草地人生性節儉，很少吃什麼主食以外的點心糕餅，所以初到府城，吃了「縣口香餅」，便讚不絕口，號稱「一世人不曾吃過這麼好吃的餅」，惹得府城人大笑「草地俗[3]」！

1 閩南語將「蒼蠅」說成「雨神」，大概是每遇陰雨天氣，牠們就到處亂飛的緣故吧。「胡蠅」則為另一借音字。

2 二層行溪：其上游為兩條水道匯流，故名，今名「二仁溪」，為台南與高雄兩縣之界河；方志上，或有寫成「二贊行溪」，因閩南語「層」，音「ㄓㄢˇ」乃取其音之訛寫也。

3 俗：這裏為訓讀，音ㄙㄨㄥˊ，土包子之意。

因此，產生了這句俗語話，用來形容一個人沒見過世面，樣樣喊奇者爲：「草地胡蠅，不曾吃過縣口香餅。」

▲草地人天天伴著老牛粗茶淡飯過日子，一進城自然看這個也棒，吃那個也讚。（陳淑惠提供）

食著下林仔水，會變形

【俗諺輕鬆講】

下林仔*，舊地號，即今台南市南區，自小西門城門起，至鹽埕附近，大約在現今西門路與永華路西南側一帶。

變形，指個性、打扮等，皆有所改變。

這是台南地方俚語，指一個人突然變了一個樣子，便可戲稱之：「食著下林仔水」。

【故事說從頭】

台南的「下林仔」位在日據時代「台南刑務所」邊，面臨古台江，向來泉水甘洌，現在尚存有荷蘭井兩口。在還沒有自來水設施前，台南市區之飲用水，都取之於此。

台南靠海邊喜樹、灣裡、鯤鯓等地之海墘人及草地農人，平素飲用海邊井水，皆帶鹹味，一旦入城來，喝了「下林仔」甘美的井水，才發現：「人比人，氣死人」，住在海口實在不值得，連喝的水都不如人，於是，生活態度、舉止行動，都起了變化，人也漸漸由儉入奢，因此，諷之曰：「會變形」。

水，是日常飲用，人不能沒有水分的滋養，所以俗諺中常有飲用水對人的影響字

*下林仔：這裏的「林」指樹林，要唸「ㄋㄚˊ」。台地以「林」為地名者極多，基本上分三種形態①物種：拔仔林、檨子林、茄苳林等②方位：頂林仔、林仔邊、林仔內等③外觀：圓林仔、平林仔等。全省有三個以「林」為地名卻不唸ㄋㄚˊ而唸Lim者有①二林：番社舊名②員林：舊稱「圓林仔」，由於方志上常寫成「員林仔」（員、圓俗字通用），日本人將它改為「員林」，發音也就跟著改變③士林：舊稱：八芝連林或八芝蘭，日人將它改為「士林」，士林多風雅，自然不能再ㄋㄚˊ了。

句，如安平地方有這句：

食者王城水，膾肥也會美。

王城，指現在的「安平」，當年爲「荷蘭王」建造之城。此諺說「王城」的水質好，查某囝仔喝了，不會肥（古人以女子豐滿為美），也會美（音Sui）。

這種城裏人嘲弄鄉下人「會變形」的俚諺，各地都有，四川成都有句俚諺說：「鄉下人到成都來，吃三天黃豆芽便機伶了」，同樣反諷意味十足，但也體現了鄉下人的樸質，與城裏人的自大。

▲早前農家都鑿有古井。（陳華民畫／粉臘筆＋粉彩）

有看見針鼻，無看著大西門

【俗諺輕鬆講】

針鼻，即「針孔」；大西門*，為府城八大門中最大者。城門寬大，比之「針鼻」何只千萬倍，但卻只見到「針鼻」，而看不到「大西門」，引申為「只見小利、小惠，卻忽略了大義、大益也。」

此諺用來形容一個人肚量狹小，只注意微細小事，而失大遠景。

【故事說從頭】

明鄭雖置「承天府」於今台南市，但並未有何建樹。入清後改為「台灣府」，一直到雍正元年（一七二三年）台灣縣知縣周鍾瑄才建木柵為城，設東、西、南、北四大門，東、南、北三小門。到了雍正十一年，又從小北門東旋到南水門，大量栽種莿竹，以為護城。

乾隆元年（一七三六年），改築為石門，並加築雉堞。

乾隆四十年，知府蔣元樞又補種了一些竹木，增建「小西門」一座，至此，府城乃有八門了。

乾隆五十三年林爽文之變平後，原擬建為石城，但因磚石搜運困難，於是改築土為

* 大西門：「西門」是專有名詞，故「西」要唸讀音ㄙㄝ，「大」為形容詞，唸語音dua。閩南話基本上一字皆有讀音與語音兩種唸法，「讀音」就是「讀冊音」，又稱「文讀音」，用在特殊名詞或詩詞歌賦上，「語音」則為一般性之「口語音」。例如：馬，語音唸boe，而讀音則唸mà，成語「四馬難追」，「四馬」要唸讀音ㄕㄨˋ ㄇㄚˋ，不可唸成Si-boe。

城，由知府楊廷理主其事。

道光十二年（一八三二年）嘉義張丙之亂後，再增築外廓。

府城「大西門」，面向台江，外有接官亭及渡船頭，文武官員左遷台邑，皆由此上岸，乃八門中之最，入城則爲「西定坊」，爲府城最繁華地帶，所以，大西門是舊府城之地標。

「未見大西門」，可見目光之淺視，有一句常用之俗諺：「大目新娘找無灶」，諷刺一個人大而無用。格式近似，但意義不同。

▲台南「小西門」舊貌。（見《史蹟調查報告②》）

有樓仔內厝，無樓仔內富；有樓仔內富，無樓仔內厝

【俗諺輕鬆講】

樓仔，此處指有清時，台南巨富吳春貴之巨宅；樓仔內厝，則指其子吳尙新經營出來之庭園。此諺泛指吳家富甲一方，宅大厝大，無人可比擬也。

【故事說從頭】

現在台南市中區民權路的「台南社教館」，日本時代爲「台南公會堂」，乃日人收購枋橋頭街吳園部份拆除改建而成。

「吳園」，則爲清代台南鹽商吳尙新之宅邸。

吳尙新，本名麟，人稱「吳麟舍」[1]，其鹽業乃承繼其父吳春貴。吳春貴，名晃，春貴乃官章，他在嘉慶初時，承辦台灣（今台南縣）、諸羅（今嘉義縣）兩縣的鹽販館，負責兩地官鹽業務，商號曰「吳恒記」。吳恒記，位在「枋橋頭」，故人稱「枋橋頭吳」，有別於舉人吳尙霑之「磚仔橋吳」[2]。

吳尙新接掌其父之「吳恒記」後，業務蒸蒸日上，財富累積愈富，於是將其枋橋頭

1 台南人稱有錢人家的少爺叫「阿舍」，舍，即「舍人」之簡稱。歷朝多選宦家子弟為宿衛，謂「舍人」，至明代始簡稱「舍」。

2 磚仔橋吳：咸豐年間舉人吳尚霑，在今永福國小東北一帶建一別業，曰「宜秋山館」，並建石橋以通，為有所別，乃稱此處為「磚仔橋吳」。

宅第北邊相鄰，原荷蘭時期通事何斌所建之亭園收購，沿地勢高低，建造庭園，並聘請名匠，仿漳州城外的飛來峰建築，山水樓閣，極其盛焉。吳尚新這座庭園，稱為「吳園」，一般人叫它做「樓仔內厝」。

這個「有樓仔內厝，無樓仔內富；有樓仔內富，無樓仔內厝」，便是稱其財大厝大也。像這類「有××富，也無××厝」，在最早泉州南安一地便有一句「有林路富，也無林路厝」，此諺似成為一通用格式。

例如，台北便有：「有榮泰富，也無榮泰厝；有榮泰厝，也無榮泰富」之諺。

中國人向來看重「諧音」所引申的利弊興衰，這種樓厝關係源於這句俗諺：「厝包樓，子孫賢（Gau），樓包厝，子孫富」，浙東有句俚諺說：「前槐後樸，發財發福」，皆出自此種「討吉利」的迷思。

不過，厝再大，財再粗，也不及父慈子孝，兄友弟恭，最令人欽羨，艋舺地區，就有另一句俗諺說：「有劉卻的富，也無劉卻的子兒媳婦。」

劉卻住在埔仔頂[3]，劉卻有錢，但最值得稱道的是：孩子孝順，媳婦乖巧，這大概是最重人倫的中國人，所引以為羨的。

3 埔仔頂：有清時「祖師廟」以東一帶鮮少人居，再過去便是墓地，此處地勢稍高，故稱「埔仔頂」；馬偕來台傳教時，初建教堂於此。故又稱「基督教堂邊」，今貴陽街二段。劉卻的「卻」要唸ki'yo，閩南語「撿」之俗字。

心肝較硬石仔蝦

【俗諺輕鬆講】

硬，尾音加上輕聲的·ㄟ，正寫為「硬於」。石仔蝦，姓石名蝦，為清代台南某苧蔴舖店東，光緒六年（一八八〇年），因「殺弟案」被判死刑，由於親手殺害自己的弟弟，為人所不齒，故有此諺，形容心肝黑又硬，竟到了「不顧人倫」之地步。

【故事說從頭】

清光緒年間，府城大西門內的「宮後街」，有一苧蔴舖，店東名叫「石蝦」。石老闆的父親，在唐山原本有妻小，來台後，在府城開舖，另娶小妾，石蝦便是小妾所生。後來石蝦繼承了苧蔴舖，生意做的不錯，並且，討了一房媳婦。

石蝦的父親，在唐山的原妻柯氏，有一子，名喚「石同」，聽說石老闆生意做得很好，便來台依附石蝦。兄弟雖然異母，畢竟同父，見面依然融洽，石同便留在店中幫忙，料理雜務。

石蝦另有一愛妾，名喚「許月娥」，許氏生性淫蕩，與店中掌櫃陳阿九有染，有一回，碰巧被石同撞見。許氏恐姦情敗露，遭本夫逐出門，便先下手為強，在石蝦面前搬弄是非，說石同千里迢迢來台，無非想圖謀石家的財產，並且謊稱，石同還曾向其非禮挑逗云云。

石蝦經不住枕邊人一再的挑撥，遂生疑心，於是，在農曆七月的某一個深夜時，假意有事召喚石同，然後跟許氏二人，以木棒將石同活活打死，並且，把屍體藏匿在大櫃子後頭。

鄰居由於久未見石同，不免懷疑，便通報有司，於是，發現了這件滅倫血案*，石蝦、許氏雙雙被判死刑，石家舖業，則由石同生母柯氏接管。

這件判案，於光緒六年七月十五日，由台灣縣正堂潘慶辰判決，原判文如今藏於台南市歷史文物館。

* 「石仔蝦害死石仔同」，為清代「府城四大奇案」之一，另三則為：林投姐、運河奇案與呂祖廟燒金。

蔡抵蔡，神主牌仔損損破

【俗諺輕鬆講】

抵，閩南語俗字，音「ㄉㄨˋ」，正音字為「遇」，蔡抵蔡，猶言「蔡對蔡」；損，閩南語借音字，「敲打」也。

這是清代台南地方俗諺，諷刺自己人打自己人，倒楣的，還是自己人！

【故事說從頭】

台南市西區，清代時原有五條運輸水道，俗稱「五條港」，交通便利處，自然商業活動鼎盛，行郊商號櫛比鱗次。

這「五條港」碼頭運貨，原由五大姓之苦力集團，各據一方，壟斷貨物之搬送業務。黃姓，佔領「新港墘」；蔡姓，佔有「佛頭港」；許姓為「北勢街港」；郭姓為「南勢街港」；而「松仔腳港」＊，則為盧姓包攬，各有自己的地盤，互不侵佔，倒也相安無事。

到了嘉慶年間，「佛頭港」的蔡姓，分為兩大勢力，「前埔蔡」佔有港頭；「大崙蔡」則以港尾為地盤，劃分界線，各謀其利。

俗話說：「一山難容二虎」，日子一久，難免時有越界攬貨之行為出現，利益無法

＊松仔腳：正確寫法為「榕仔腳」，閩南語俗字「榕」皆寫成「松」（音ㄑㄧㄥˇ例如鳥松，實際上是榕樹，而非松樹）蓋形聲俗字，左偏旁指形，右偏旁提音，「容」音與原音不合，故以「松」代之。

均沾的結果，兩派人馬終於幹起架來，進而演變成械鬥，打到最後，互相攻入對方村頭，連「神主牌」都給打破了！

最後雖由台灣知縣出面調解，並立碑示禁，永杜弊害，但兩派同姓人馬械鬥，把五十年前唐山同祖的神主牌都給「損損破」，遂有了這句「蔡抵蔡，神主牌仔損損破」之俗諺，嘲弄自家人爲了一點蠅頭小利，竟罔顧血緣之親，落人話柄！

重慶寺撈醋矸仔

【俗諺輕鬆講】

撈，唸成「˙ㄌㄚ」，攪動也；醋矸仔，猶言「醋罈子」；矸，閩南語俗字，音「ㄍㄢ」，「酒矸」即「酒瓶」；「醋矸」，即「醋瓶子」。

這是清代流行於府城的一句俗諺，婦女到「重慶寺」撈醋矸，有「奪愛」之意，因此，府城人稱爭寵叫「重慶寺撈醋矸仔」。

【故事說從頭】

府城「重慶寺」，原建在今天中正路上，日據時因開闢馬路，將其遷移附近，二次大戰末期，又遭盟機炸毀，光復後再次修復。

重慶寺在清代時，有一陶甕嵌於壁間，內放一醋矸，府城人傳說，富家妻妾爭夫時，若往重慶寺撈醋矸，祈求神明奪去丈夫對對方的愛，丈夫必能反過來愛自己。

《海音詩》有句曰：「撮合偏饒祕術多，蓮花座下簇青娥；不圖色相金空後，猶捨慈航渡愛河。」＊

重慶寺因有此醋矸，一時怨女、棄婦，爭相膜拜，因此香火鼎盛，遷移後，不再設醋矸，從此寺前冷落，膜拜者漸少，已今非昔比矣。

＊詩註：「重慶寺在凝南坊，男女相悅、不得遂者，夫妻反目者，皆乞靈於佛，置醯甕於佛座下，以筋擊髮攪之，使人心酸，取佛前燈油暗抹於所懽者之頭，則變嗔而喜云云。」

▲傳統的三從四德，要求女人不爭勝、不妒忌。圖為「節孝祠」。（陳華民攝）

據說早前流行之「燈謎」，有人以「三禮拜六點鐘」謎面，射「重慶寺的醋矸」，蓋「三禮拜」爲「廿一日」，合爲一「昔」字；「六點鐘」乃「酉」時，合起來，就是一個「醋」，亦頗饒趣味。

捥籃仔假燒金

【俗諺輕鬆講】

捥，音同「汗」ㄍㄨㄚˇ；金，拜拜用之「金箔紙」，燒金，即「燒香」之意。

這句俚語，另有一說是：「呂祖廟燒金，糕仔膾記得提」；原句是形容女人「紅杏出牆」，後來引申爲，凡表面上做一件事，暗地裡，卻偷偷的幹另一件事，皆可名之曰：「捥籃仔假燒金！」＊

【故事說從頭】

清代府城「東安坊」，原來有座「呂祖廟」，奉祀的是純陽眞人呂洞賓，早前移民時代，儒釋道並沒有極清楚的分野，一般老百姓逢廟就拜，「有拜就有保庇」，求的無非是，心安人太平。

呂祖廟住有女尼，也許想效法「呂洞賓三戲白牡丹」，也許走火入魔，參到了「歡喜禪」，竟然菜姑兼起老娼頭來，引誘至廟裡上香的婦人，在廟中另闢暗室與登徒子野合。

受誘之婦人，每每假意跟同伴上廟裡拜拜，而後在回家的半路上，便突然謊稱道：「吸呀，糟了！供桌上的糕仔忘了拿啦！」於是獨自再回頭，到廟裡找粉頭伙計去了！

＊捥籃仔，或寫成「提籃仔」，這是不對的，蓋閩南語「拎物」叫提；這裏的ㄍㄨㄚˇ乃指籃子是掛在手腕上的，應寫成「捥」。今有人造了一個「捾」字，想是形聲擬字吧，不過這個字不唸「官」，而是「汗」。

廟裡藏春是紙包不住火的，後來被人告到衙門，尼姑遭逐出，寺廟改爲縣轄的「引心書院」，就是後來的「蓬壺書院」，遺跡如今尚在。

日本人叫陳老師——真惱死

【俗諺輕鬆講】

惱，讀音ㄋㄡˋ，這裏唸ㄌㄡˋ，閩南語「ㄌㄡˋ死」，即「煩死」之意，套句通俗話「傷腦筋」也[1]。

日語「陳老師」的發音，同閩南語的「眞惱死」音同，而有了這句俏皮話兒。

【故事說從頭】

日人統治台灣五十年，實施純日式教育，並推行「皇民化運動」，在那段期間，台人說日語，等同如今的說「國語」，已是日常生活的一部分，因此，很多「日式名詞」和用語，在今日我們仍會提到、用到。

例如：畢業叫「卒業」，號碼叫「番號」，招牌叫「看板」，引導叫「案內」，其他像一些外來語，用的就更普遍，譬如：方向盤叫「罕多魯」，啤酒叫「米魯」，旅社叫「侯貼魯」，收音機叫「拉力歐」，麵包叫「胖」等皆是。

還有些是我們時常掛在嘴邊，卻不曉得它其實是一句日語，甚至於被錯用而習以爲常。比如「足感心」這一句。

「足」這個音，使用很早。像「足好」、「足讚」等，很多人以為它是閩南語用

1 「惱」死這個字，不管寫成「勞」、「洛」，或拿「鹵肉飯」的「鹵」來代替，都是訛寫。

詞，其實錯了，「足」是一句「日語台用」音，日文寫成「超」，這是個「音讀」（漢音）字，唸「ちょう」（Chiyou），最高級用詞，「足好」，正確寫法是「超好」，就是「非常好」也。

「感心」也是個日文漢字，唸成「かんしん」（Kanshin），日文原意是「欽佩、佩服」之意，我以前常聽我父親同他的朋友提到某人做了什麼好事，就說他「『足』使人『感心』！」意即他的行為很令人欽佩。

如今這句「足感心」，卻被錯用成「很感動」、「很感激」[2]了。

語言的差異往往也能給人帶來一些有趣的話頭。四川鹽源縣有句俗諺說：「白鹽井三怪：頭頂羅鍋蓋，餑餑喊餌餅，婆娘喊老太」。

我住的彰化西部海岸一帶，某些地區喊母親叫「阿伊」，或「伊阿」，所以我也可以創造一句新俚諺：「海口人，阿娘叫阿姨」。

河南有句俚諺說：「光山的『得』，羅山的『喊』，信陽的『妥便兒』一大堆」。括號內的字，乃當地人講話時習慣性的起音或尾音，像我們說的「話母」，有人講話一定先來聲「啊」，要不就來句「吓時存娘娘」[3]，或像是台南的人「呢」，及某些地方的「大」、「甲」等[4]。

我高中唸員林中學，那是我第一次接觸到全說漳州音的山線人，員林南邊有個地方叫「永靖」，最早地名叫「關帝廟」，居民都是漳州籍閩西客家人，他們在原鄉時早已不會講客家話，可能語言中溶入了福建原住民「畲族腔」，所謂「南蠻鴃舌之音」，話語中多ㄐㄑㄒㄧㄢ這些「拉唇音」，而且特別清楚，同學們常愛取笑他們說：「煙煎

2 還有人甚至將它寫成「揪感心」呢。

3 我懷疑這是從日本人的口頭禪「あのね」衍化過來的「話母」。

4 に（ni）、だ（da）、か（ka），皆日人常用的語尾助詞。

（ㄐㄧㄢˇ）吔枝阿鞭鍊鍊電電！」（永靖的枝仔冰冷冷硬硬）

好笑歸好笑，不過還聽得懂，就怕碰到另一句俚諺說的：「天不怕，地不怕，只怕廣東人說官話」，都就沒轍了。

▲日據時，日本老師與台籍學生合影。（陳焜親先生提供）

人交的都是關公劉備，你串交的，全是林投竹刺

【俗諺輕鬆講】

都：音ㄉㄨㄥ，或寫成「攏」；串：「全全」之拗音，意指每一次，「一而再，再而三」之意。

這句話是說別人交往的人物，都是像關公、劉備這種有地位有抱負的人，而你交的朋友，不是林投，就是竹刺，個個「頭殼發角」[1]，無一善類。

這是爲人父者，對不學好的兒子之訓誡用語[2]。

【故事說從頭】

民國四〇年代，有一首流行歌曲叫《三國志》，那是從日本歌改過來的，主唱叫「永田」，歌是這樣唱的：

三千年前漢朝衰弱，群雄侵割占據，
豪傑劉備關公張飛，桃園三結義，
三兄弟同生共死，抱著真大的志氣……

1 頭殼：頭頂部；發角：長角之意。

2 這句俚諺，以前採諺者常寫成「人交的都是關公劉備，我交的全是林投竹刺」，依筆者看，「關公劉備」、「林投竹刺」智愚差距太大，「我」若有此「自覺」，說法應該會不同。俚諺中，罵別人通常很重，如「桌頂吃飯，桌腳放屎」，批評自己則常輕輕帶過，要不就是「怪天怪地」、「怪鱟舀仔怪飯篱」，倒是體力上的強弱差距，才有較自覺性的批判語氣，比如黑社會車拚，人家幫場的，個個高強大漢，咱們這邊卻全是些老殘病弱，這時候就可以罵聲：「人交

《三國演義》故事精彩，各種戲曲、講古不斷搬演，中國人大都耳熟能詳，尤其「桃園三結義」，更是男人效法的對象，誰不希望自己交的朋友是重義氣，信然諾的錚錚漢子！

可做父親的見兒子交往的人物，不是頭上長角，就是身上帶刺的傢伙，忍不住便要罵句：「人交的都是關公劉備，你串交的，全是林投竹刺」[3]了！

「林投竹刺」若不足以形容，還可以加上，「歸厝間攏是蜈蚣蛤仔（ㄍㄚㄇ˙ㄚ）蛇」。

「蜈蚣蛤仔蛇」說白了，就是「沒有一個好東西」。這句話又可說成「蜈蚣蛤仔蛇三不服」，蓋三種都有毒，也都各有所懼，各有所制也。

俗稱蜈蚣能剪蛇腹，蛇能吞蛤，蜈蚣又畏蛤溺，遇之則脫足死。《本草》：「蜈蚣畏蟾蜍，不敢過所行之路，觸其身，則蜈蚣死。」

蟾蜍、蛤蚧皆蛙類，有人說這裡的「蛤仔」，指的是蟾蜍。

想想，若兒子交的不是林投、竹刺，就是蜈蚣蛤仔蛇，這做父親的不被「惱（ㄌㄡˋ）死」才怪，若天天還要跑派出所，將因拉K幹架被送辦的兒子保出來，這時候，恐怕做母親的也要加上一句：「教若會變，狗母都會擇葵扇」[4]了！

▲捏麵人攤子上，關公與豬八戒並排而立。（陳華民攝）

的攏是虎豹獅象，咱交的全是魚蝦不晟樣」。

3 「桃園三結義」的三兄弟，省掉張飛，是為了同「林投竹刺」對稱。

4 變，音同「柄」boʾiⁿ，改變也。母狗當然不會拿扇子，意指這個小孩「卻（kiʾyo）角」了，用現代的說法就是：廢材一個，沒救了。

戶口枋仔釘置電火柱仔

【俗諺輕鬆講】

戶口枋仔：門牌，日據時規定每戶之門柱上須掛塊檜木片，上頭寫有戶長姓名及番號，故稱「戶口枋仔」；枋：木板塊，音ㄅㄤ。電火，即電燈，電火柱仔，指電線桿。置：音˙ㄉㄧ，在於。

這是流浪漢的自嘲之詞，言居無定所，尚未成家。

【故事說從頭】

清代時，台灣有一群特殊人群，被稱做「羅漢腳仔」，他們大都是在原鄉時，因為相信這首民謠唱的：「匏仔刺刺刺，東都要來去，來去穩有某，不免唐山這艱苦！」[1]於是乎單操一個跟人家跑來台灣。所謂「有某」，指的是娶「番婆仔」，那麼多人跑來想要「穩有某」，哪來那麼多「番婆仔」給你？因而個個成為「遊府吃府，遊縣吃縣」的羅漢腳了。

事實上，他們只是一群社會邊緣人，沒有根的流浪者，守本份的，四處打零工「討趁」，不安份的，被有心者收為打手，替人家占山占田打架械鬥，等事情鬧大了，也跟著搖旗吶喊，說要「反清復明」，最後身首異處，死得不明不白。

1 這是清初流行於閩南的一首歌謠，「東都」指台灣，因「國姓爺」延平王在台灣開府，定名「東都」，意指明京暫置於此，故當時內地乃稱台灣為「東都」，等鄭經嗣位，方改稱「東寧」。東，唸語音ㄉㄤ。

清代時有句俚諺說：「交官窮（ㄕㄢˇ），交鬼死，交羅漢腳仔食了米」，「食了米」也就罷了，搞不好還拖你下水，一起「反清復明」就「害了了」[2]了。

流氓台灣叫「鱸鰻」，早前台地幾乎沒有流氓，蓋移民社會，一村一街住的全是本鄉本族的人，流氓是靠恐嚇取財為生的，總沒人向自己的阿公、阿叔收保護費的吧？以艋舺為例，一直到日據初，才出現第一個鱸鰻——高老榮，但他也只是行為較囂張，故意要同黃、林、吳三大家族嗆聲而已，倒也並不壞。

但隨著日本浪人的到來，城市經濟的活絡，生活水平的提高，娛樂風月場所增多了，很自然的，孳養出流氓與流民了。

鱸鰻的日子是在刀子口上舔血過的，今天「戶口枋仔」釘在大稻埕，一個不小心出了事，明天趕緊移至打狗街的電火柱子上了。

至於「撋力吃，貧惰做」[3]的「街友」們更不用說了，龍山寺的廟牆大概全省「戶口枋仔」釘最多的地方，每年年終的「街友宴」更是蔚為奇觀。

提到電火，台灣最早是在光緒十二年（一八八六年）劉銘傳任巡撫時，在台北城西門城樓上樹立了第一盞路燈。一直到日人據台，路上才漸漸有了電火柱仔，可以供遊民及浮浪者去釘「戶口枋仔」。

2 害了了：音Hai Liu-liu，糟糕透頂之意。

3 撋力：音kuⁿ lat，勤快也；貧惰：泉音：ㄅㄢˇ ㄉㄨㄚ̄，懶惰也。

賺錢不夠大腳腰仔買礬撒腳骨

【俗諺輕鬆講】

礬，即明礬；撒，音「ㄧㄚˇ」；腳骨，泛指腳足部。往昔女人纏足，每日洗腳後，必撒明礬粉，以去臭氣也。

大腳腰仔*，為清代台南私娼館老娼，「腰仔」是其名，大概纏足到一半，或纏得不夠漂亮，沒到那個時代的標準，所以綽號「大腳腰仔」。

此諺是用來嘲人，或自嘲，賺的錢還沒有妓女隨隨便便躺著賺到的一丁點兒「屁塞仔」！

*仔：音·ㄚ，正寫為「兒」。閩南語俗字是由讀書人造出來的，為要與他們最早學習的「讀冊音」有所區別，而另造出「語音字」來。兒，讀音Zi^{i}，因此幫語音的「·ㄚ」造了「仔」這個字，從「人」表示與人有關，右邊的「子」提示這是指子女之「乳名」，蓋唐音乳名皆喚「婉兒」、「福壽兒」等。所以「大腳腰仔」，正寫為「大腰腰兒」。

【故事說從頭】

府城台南乃台灣第一城，當然，有關人「性」的解決之道，歷史也頗早。有清時，大都集中在大西門外佛頭港，城外打棕街、媽祖樓街等地。

我們常說台灣人「笑貧不笑娼」，可是從流行的俚諺來看，一般庶民，一面羨其「軟路錢」好賺，一面又譏其行為可鄙，不管是「公用便所，眾人渲！」或「北港香爐，眾人插」，都沒有一句好話。

至於歡場女子的人品，更是「菜店查某若有情，你厝公媽就無靈」，這種「婊子無情，戲子無義」的標籤，是永遠洗刷不了的。

罵歸罵，怨歸怨，羅漢腳、獨身仔腳梢，心火上衝，寂寞難耐時，三不五時，還得到藝妲間、豬哥窟報到。

有一首閩南語流行歌叫〈台東人〉，其中有一句唱道：

茶店仔查某上無情，一千二千提去用，招伊散步嘩無閒！

因爲歡場本是銷金窟，想當火山孝子，就該有自知之明，錢再多麼會賺，也不夠「大腳腰仔」買礬撒腳骨！

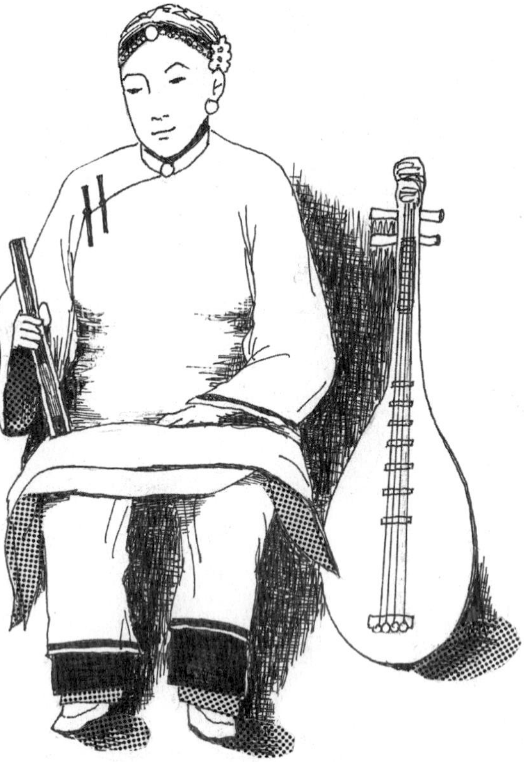

東原謙記，秀英罔市

【俗諺輕鬆講】

東，讀音「ㄉㄨㄥˉ」：秀英，唸成「秀英仔」。

東原與謙記，皆清代府城大商號；秀英與罔市，則爲當時名妓。

這句俗諺有點類似現在土話說的「逗陣的」，凡紈袴子弟逛窯子、上酒家，跟風塵女子有感情交集，皆可謂之「東原謙記，秀英罔市。」

【故事說從頭】

清代咸同年間，安平開港，洋商挾其優勢，堂堂皇皇的進駐府城，強勢的外交背景，造就了另一批勢力者。

當時府城有兩家與洋商來往之新興商號，一爲「南濠街」陳姓的「東原」，另一則爲居住在「宮後街」黃姓所經營之「謙記」。

西定坊本是府城秦樓楚館麕集地，扇影歌韻，風光旖旎，當年最紅的名妓爲秀英仔與罔市仔二姝，東原與謙記兩家老闆，分別與之相識、相悅，後來，都將她們贖身脫籍，納爲小妾，一時傳爲美談。

這句「東原謙記，秀英罔市」，在日據時煙花界常被提起，用來形容那些「罔仔」*，上酒樓踏茶館之豔行，既褒又貶，如今已少人提及了。

*罔仔：仔，此處唸「·ㄝ」，罔仔，為日文「坊ちゃん」之閩南語音，日文為「少爺」之意思。日本時代稱在煙花界出入之子弟叫「罔仔」，「火山孝子」也。受日本教育的前輩作家張深切先生，便創造出一個玩世不恭的人物——邱罔舍，罔與舍合在一起，乃真敗家子也。

美的留在庄，醜的乎新寮仔扛

【俗諺輕鬆講】

美，音ㄙㄨㄧˋ；在，音ㄓㄞˇ；醜，訓讀bai；乎，「與（ㄨˇ）予（˙ㄡ）」之拗音，唸ㄏㄡˇ；扛，音ㄍㄣ，以花轎抬走之意。

這句話是說美的、漂亮的女孩兒，留在村裏給自家的小伙子「做某」，那些醜的、不好看的，就讓新寮仔的羅漢腳來抬走吧。

這是一句台南「公親寮」地方之時代性戲謔式俚諺，最後引申為：好的自己要，差的送別人之意。

【故事說從頭】

原台南縣市界河的曾文溪，舊稱「灣裡溪」，原依今將軍溪入海，由於上游自山區進入平原後，水流急湍，而下游多為潟湖、沼澤地，每遇夏季暴雨，河水渲瀉不及，往往漫溢成災，或襲奪他河水道。

自道光三年（一八二三）到日據昭和十三年（一九三八）一而再的不斷改道分流。故當地有句俚諺：「曾文溪，青暝蛇黑白咬[1]」，用來形容其一再河川襲奪的現象。

由於曾文溪每次改道經常毀村滅地，然而也同時造成新的浮洲、埔地，引發附近其

1 青暝：泉音chi^{n} mi^{n}，漳音che^{n} me^{n}，瞎眼之意。

他村落莊民入墾，這些新移民村莊常被附近人以原村莊爲名，稱爲「××寮」[2]。

這些村落皆散在台南縣市交界一帶，號稱「安南十三寮」。

「公親寮」位在台南市安南區東邊，靠近安定區，其南爲「新寮仔」。公親寮成莊極早，早期住民就已是非單一族姓聚落，故本莊查某囡仔一到標梅年紀，那些長相好看的、勤奮懂事的，早就被本莊的婆婆媽媽們看上，「注文」、「送定」走了。

而那些品性較差、兼又長相平庸的姑娘，就留著讓隔壁村「新寮仔」的查甫囝

▲台南安南海陬鹽田（林玨宏攝）

2 「寮」字在閩南話中，除了草寮、工坊外，移民新村落亦稱「寮」。例如：鄭成功的軍師陳永華（同安縣灌口陳井人）帶領族人移民台灣後，依「鑾井陳」始祖太源公當年抗元失敗後所立之指示，將新墾地取名「陳井村」（今鹿草鄉內），而後族人再搬至今嘉義大林，村名便叫「陳井寮」。

仔，扛花轎來抬走。

早前村與村間暗中較勁是常事，從拜拜到蓋廟要比，連「娶某」都要拿來調侃一番，這也是庄腳人的幽默吧。

提到未出嫁的「查某囡仔」，本地區另有一句俗諺：

本淵寮的查某囡仔，水到若藝旦[3]，海尾寮的查某囡仔，烏到若火炭[4]，溪仔墘的查某囡仔，置於土裏挼[5]。

說明三個村落，因不同的生活形態，致令同樣十五六歲的少女，卻有不同的命運。如今社會進步，年輕人的價值觀已大大不同以往，安南的查某囝仔早就個個「水到若藝旦」，會在「漉糊糜仔」[6]「挼」的，只剩「歹命底」、「做慣習」的阿桑了。

3 水：音sui。尾：廈音br。到，音·ㄍㄚ。

4 火炭：廈音ㄏㄜ ㄊㄨㄚˇ，即煤炭，有些地方說成「土炭」，山線的漳州人則說成「煉炭」，蓋發音習慣使然，「煉」拉唇音也。

5 置於土裏挼：音·ㄉㄧ ·ㄝ ㄊㄨㄛˊ ㄟˊ ㄋㄨㄚˋ。挼，摩搓之意，閩南語博感情叫「博挼」，套近乎也。「土裏挼」原指身子在土裏打滾，這裏指長久浸在泥土中工作之意。

6 漉糊糜仔：音ㄌㄡ ㄍㄛˉ ㄅㄛˉ ·ㄚ（lot kot b'r-a），爛泥巴也。

好柴無流過安平鎮，水查某無留置四鯤鯓

【俗諺輕鬆講】

水，音Sui，這應該是古音，日語「水」的漢讀便唸成Sui。

置於，音ㄉㄧˇ ˙ㄝ，乃「在於」之語音。

任何事情，總有一體兩面，有好，自然有壞，人如此，地方也是如此。樂觀的安平人，對外說：「妳若愛閒，且來嫁安平！」悲觀的安平人，則不平的道：「好柴無流過安平鎮」！更甚的是，「水查某」竟然也留不住，別人有的，咱們撈不到，我們有的，人家反而跑來搶走，眞是「怨嘆」啊！

【故事說從頭】

安平位在台江口，有兩道溪流，從台南經此入海，每年夏秋之時，上游山洪泛濫時，便有斷木柴板，隨洪水而下，可是這些有用的木柴，一到台南，便被撈起揀光了，哪可能繼續流到下游的安平。

台北地區的「關渡」，也有同樣的俗諺說：「好柴無流過關渡口」[1]！意思皆指：「好康的」[2]輪不到你啦！別作夢了，較早睏較有眠！

至於四鯤鯓的「美查某」，那是因爲此地爲窮鄉寒村，府城的富戶業主，若要討小

1 此諺亦有說成「好柴無流過關渡崎」，因為關渡水口，乃一峽谷，故稱「崎」。

2 好康的：今人常用之「國語台用字」，正寫為「好硿」，硿，孔洞也。俚諺「好硿在於龍目井」，龍目井指自然湧泉口，賣水為免本生意，故言「好硿」。

老婆，自然到此尋找，因為一般人家的閨女，是不願與人當小的，只有窮鄉查某，反正嫁入城裡，有吃有穿，總比在四鯤鯓「三頓蕃薯配魚脯」好多了，所以稍具姿色者，自然被人家娶走了。

留下的，只剩些「無鹽大嫂」，等那些沒本錢「揀吃」的打漁大哥來「送定」了。

嘉義的「六腳鄉」，也有一句俚諺說：

錢若便，某置吓六腳佃！[3]

此諺，同「四鯤鯓」的查某有異曲同工之妙。

很多採諺加註的文字工作者，常常八股式的說什麼「四鯤鯓水質好，故出美女」，或「六腳佃出美人」等等不知所云的註解。

其實地方俚諺的產生，有其地理人文環境因素，它是寫實的，有時候，是一針見血的記實，美化之實在沒必要。

四鯤鯓那種海陬小村，會湧甘泉出美女？六腳佃若有美人，也僅僅是些庸花俗草。這兩則俚諺，很明顯，傳達的是「買賣式的婚姻」，這也正是早前窮困的農業社會現象之寫照，不虛飾做作的社會價值觀，實際、實在，而且不打高空。

3 六腳佃：〈陳按〉有些書上，將此諺寫成「錢若便，某置六腳殿」，俚語採集者將「六腳佃」，寫成「六腳殿」，應該是聽音辨字上之訛寫。現在嘉義縣的「六腳鄉」，舊稱「六腳佃」，六腳，閩南語有「六位」、「六個」、「六戶」等意思，「六腳佃」，即「六戶佃農」之意。一九二〇年，日人將其簡化為「六腳」。

南風轉北，王城去一角

【俗諺輕鬆講】

轉，音「ㄉㄥˋ」，王城，即「熱蘭遮城」[1]，今之安平古堡也。

這是先人觀察氣象，累積下來有關地理天象的俗諺。當颱風來襲，如南風忽然轉北，則需注意其所帶來之災害，必然極爲嚴重，堅固如「王城」，都會被吹落一角呢！

【故事說從頭】

一六二四年，急於在東方拓展貿易的荷蘭人，原先據澎湖築城，以爲對中國及日本之根據地，後遭明將沈有容諭退，乃轉進台江，在一鯤鯓登陸，並且，於一六三〇年開始築城。城分內外城廓，內城兩年後完工；外廓則到一六四〇年始竣工，命名爲**Zeelandia**，閩南人依其音，文獻上稱之爲「熱蘭遮城」，一般百姓則叫它做「王城」，或「番仔城」。

這座熱蘭遮城，在鄭成功趕走荷蘭後更名爲「安平鎭」。

有人以爲，所謂「王城」，是指「延平王」鄭成功[2]居之，故名。深具民族性情結的中國人，總喜歡把好的，有的沒有的，通通攬在懷中，說成自己的成就，原也無可厚非，不過，在這片政權遞嬗頻仍的土地上，總不該忽略了其他民族曾經有過的建設與

1遮：閩南語音ㄉㄧㄚ。

2延平王：鄭森，字大木，唐王賜其「朱」姓，更名「成功」，封忠孝伯，永曆帝更加封「延平王」，日本平戶「兒誕石」之立碑，就清清楚楚寫著「延平王」，其孫投降交出之印信，亦鐫「延平王」三個字。所謂「延平郡王」乃清朝官員修志時故意寫的「貶詞」。

腳印。

在明末所有筆記傳述上，都稱「熱蘭遮城」爲「王城」，可見在鄭氏未入台前，漢人已以「王城」呼之了。

或說，揆一（Frederik Coyett）只是荷蘭東印度公司駐印尼總督派在台灣的一名「主管」，並非什麼荷蘭王，當然居城，就不叫「王城」。

問題是，當年受雇來台的漢人「外籍勞工」，哪知道你是王是官？稱其爲「荷蘭王」天經地義，舊誌亦皆採民間習慣，呼之爲「揆一王」。

鄭成功入台後，設「東都明京」於原荷人之「普羅民遮城」，稱之爲「承天府」，鄭氏在台一年一個月餘，其間駐在王城者，僅只五個月，最後，以三十九歲之壯年，薨於王城。

從明鄭到入清，當時台灣尚極爲落後，一般城寨不是圍以刺竹之「竹圍仔」，就是以木柵圍之的「柴城」，了不起是砌土以爲城的「土城」。

像王城這種又高、又堅固的「磚城」，實在罕見，所以安平人常以王城爲傲，許多地方俚諺，便繞著這座「固若金湯」的磚城打轉了。例如，有人臉皮特厚，便譏之曰：

> 面皮比王城壁較厚！

王城壁，據《被遺忘的台灣》一書載：「厚六呎」。若有人行爲囂張，自以爲後台硬，行事目空一切，便說他：

> 後靠山，比王城較崎！

崎，指陡峻高聳也。若其人穩如泰山，如何也扳不倒他，便可說他：

腳倉較在王城壁！

在，指屹立不搖，此處發音要加促音「吓」，唸成「ㄙㄞˉ・ㄟ」。屁股跟王城的城壁一樣，屹立不搖，當然膽壯人泰然，誰也別想動他一根汗毛了。

另外，「普羅民遮城」，就是現在台南的「赤嵌樓」，有清時，府城人稱其爲「番仔樓」，台基牢固異常，也是很「在」。所以府城有句俚諺，形容借出去的錢，永遠要不回來，叫：

討錢，等到番仔樓倒！

▲荷蘭人建的「普羅民遮城」即今赤崁樓。（陳華民畫／色鉛筆＋粉彩）

無田無園，盡靠六下門

【俗諺輕鬆講】

田，指水田，園，即旱田，田園，指耕作之田地。

六下門，爲「六個門」之異寫，鹿耳門，當地人稱「六個門」或「六衙門」，如「六衙門寄普」，「下」、「個」、「衙」閩南語皆唸「˙ㄟ」*。

此句爲前清安南地區，鹿耳門一帶漁民之自況。

【故事說從頭】

現在台南市的「安南區」，已成一大片埔地，早年，它原來是一片淺海，通稱「台江」。

鹿耳門，乃台江中之一小島嶼，間有一道海峽，爲大陸來台船隻必經之要口，故設文武二館鎮守其地，稽查出入人物貨件。

當時鹿耳門、安平鎮、洲仔尾及赤崁，形成台江四大據點。

但鹿耳門土地稀少，所以當地才說：「無田無園」，因之，住民皆以海爲田，除了在海上捕撈魚蝦外，別無其他收入，一些家無恒產者，不是靠捕撈爲業，便是受雇於三郊公舍，擔任貨物裝卸之碼頭工，故稱：「盡靠六下門」。

*六個門，〈陳按〉台灣地名最早記載於文字者，首推陳第的《東番記》，其次是沈光文的《台灣賦》。「鹿耳門」這個地名便是出現在《台灣賦》上。但我們從當地流傳下來的俚諺，幾乎全稱此地為「六下門」，因此，我可以推斷，這才是真正的原始地名，所謂「六個門」，乃指入港時，要通過六個暗礁水道，而「鹿耳門」，乃沈斯庵依閩南音以官音字所寫者，以後修志者，因不諳南音，便「看圖說故事」的說什麼「其形有若鹿耳，故名」，你相信嗎？為什麼不是牛耳、豬耳？（先民看東西沒那麼複雜多學問）很明顯，閩南語「六

到了道光年間，溪流漸次改道，海埔新生地於焉產生。洲仔尾，清代時叫「武定里」，因此，道光後新增之海埔地，乃稱「外武定里」。其後曾文溪改道往北流，鹿耳門上游消失，原來之溪流中斷，於是，安南區從東岸的鹽水溪，慢慢的向海邊發展。

南邊這一帶稱爲「溪頂寮」，爲府城洲仔尾人所開發，北邊「中洲寮」，乃學甲地區中洲人向南發展所墾之地。

整個安南區之舊地號，幾乎都稱寮，例如：「溪心寮」、「海尾寮」、「北寮」、「港寮」、「公親寮」等，可看出其海埔地慢慢開展之痕跡。

如今，鹿耳門水道早已消失無蹤，此地除了耕作、魚塭養殖及鹽業外，早已不用「盡靠六下門」了。

▲靠海吃海的「討海人」。（陳華民畫／水彩）

個」與「鹿耳」之浙音相近也。

蔡姑娘嫁尪——加勞的

【俗諺輕鬆講】

蔡姑娘，為台南舉人蔡國琳之女蔡碧吟，此處要唸「蔡姑娘仔」；加勞，即「增加煩惱」、「徒增操勞」之意[1]。

蔡姑娘為婚約守節到了四十二歲，才嫁給舉人羅秀惠，卻是她一生不幸的開始。因「嫁羅」與「加勞」諧音，此語用來形容一個人「自找麻煩」之意。

【故事說從頭】

台南舉人蔡國琳，字玉屏，他是光緒十八年（一八九二年）壬辰科舉子，其祖父名福，乃一生員，父名觀瀾，乃廩生，候補州同知，因此，在台南，號稱「三世儒學之家」。

蔡姑娘碧吟，長得秀麗端莊，能詩，並寫得一手好字，十七八歲時蔡國琳將她許配給門下弟子賴文安。

賴文安英年早發，也中了舉人，卻不幸早逝，碧吟決心要守節以終，在家侍父終老，以吟詩寫字自娛。

可是，有一次因故與繼母起齟齬，繼母諷刺她：「無福做舉人奶奶！」

為了這一句話，蔡姑娘決心要嫁個舉人老爺，可是當時台灣已入日人之手，要找個

1 勞：前輩採諺者將它寫成「加勞的」，倘若依音，正確唸法是「ㄍㄝ ㄌㄡˋ ˙ㄟ」，則正寫應該是「加惱的」（詳解見〈日本人叫陳老師——真惱死〉條）。不過這裏也有「操勞」之意，保留勞字似乎更易解讀，但「勞」在這裏還是要唸「ㄌㄡˋ」。

舉人談何容易，適巧，其父門生羅秀惠，頻頻示愛，她心一橫，決定嫁給羅秀惠。

羅秀惠，號蕉鹿，人長得高大，但一臉麻花，長相不怎樣，卻風流放蕩，並自號「花花世界生」。

羅雖出身舉人，但無行。投靠日人後，任《台灣日日新聞》漢文版主筆，有錢有閒，日日在秦樓楚館打滾。

別看他粗黑大漢，在女人面前，偏工一個「小」字[2]。由於他乃前清舉子，藝妲們都以能得其題詞爲傲。從一折其題「香痕」之嵌字聯，便可看出這位羅舉人的能耐了：

「香嚼脂膚青衫賞識，痕貽釵股墨客流連。」

羅秀惠生活放蕩，跟藝妲同居早是台南人人皆知。他先與錦蓮同居，後來搭上了夏蓮，最後，又搭上了有「詩妓」之稱的王夢痴。

王夢痴本名王罔市，爲大稻埕趙一山門下女弟，乃台北名藝妲，因受陳秋菊之辱，轉至台南「寶美樓」鬻藝，竟也被這位專工「小」字訣的羅舉人給摘走。

羅秀惠爲了與同門師妹蔡碧吟成婚，又逼走了王夢痴，夢痴乃遁入空門[3]，曾吟有：「聽水聽風還聽月，論詩輪畫復論禪。」，並取名「香禪」，後來

▲「詩妓」王香禪。（陳華民翻拍）

2 《金瓶梅》第二回，王婆提到男人偷情若要成，需五樣俱全，謂：「潘驢鄧小閒」。是說要貌若潘安，下面那東西要大得像驢子，財可比鄧通，要軟得像奴才，還得有閒工夫。

3 廖漢臣的《謝介石與王香禪》一書中，稱王離婚時，曾得羅給付之三千金贍養費，乃閉戶獨居，長齋禮佛，但並未出家為尼，其後嫁與謝介石，婚姻依舊不美滿，從她的〈自題小照〉一詩，可見一斑：「寄與人間翰墨場，現身休問女人裝，塵心早似禪心靜，鴛夢何如鶴夢長；因養性靈常聽水，欲清濤思更焚香，歸時直向靈山去，不用拈花證法王。」

嫁與新竹名人謝介石，並同赴中國。

蔡姑娘決意要嫁羅秀惠事，遭其父極力反對，無奈爲了爭當「舉人奶奶」這一口氣，蔡姑娘竟私自與羅秀惠同居了，台南有人撰一聯挖苦他們：「一父二夫三舉子，四妻五妾六唱妓。」

上聯指蔡姑娘，下聯指羅秀惠，可見他們的婚約頗受非議。

羅秀惠有了蔡姑娘，其放蕩行爲依然不改，不到兩三年，將蔡姑娘的私蓄花費迨盡，連生活都成了問題，兩人日日爭吵，終至反目分居。

蔡姑娘結束了「加勞」的日子，這位有「赤嵌女史」之稱的才女[4]最後鬱鬱而終，遺作也蕩佚無存。

而羅秀惠之行爲，遭人所不齒，乃跑到台北，依然在娼門廝混，賣字爲生，晚年窮愁潦倒，且得半身不遂症[5]，其自述詩有句：「三萬六千百年耳，憑誰將壽補蹉跎；漫愁死後無人哭，我放人間淚債多。」老來追悔，何必當初，「淚債」豈能補償斯人「加勞」的遺憾？

4 蔡碧吟，死時年六十六，她的詩清新可讀，如：「豢鴨童歸又放牛，菜花拗出短籬幽，數間老屋疏林外，門對一灣溪水流。」

5 羅秀惠，死時年七十七，其晚年之窘況，從他〈送林小眉赴海上〉一詩中可見：「埋首債台千壘塊，等身價値五銖錢！」真如台諺所言：「少年劊曉想，吃老才不晟樣。」

賣某做大舅，生子叫阿舅

【俗諺輕鬆講】

某，「妻子」也；大舅，即妻舅，老婆的哥哥；阿舅，即媽媽的兄弟。

這句話的意思是：賣了自己的老婆，當大舅子，生下小孩，卻叫自己舅舅！用來譏諷沒出息，吃軟飯的男人。

【故事說從頭】

從前府城有一個年輕人，生性好吃懶做，且又嗜賭，搞到最後無以爲生，竟然想出歪主意，將自己的老婆再嫁與他人，得了一筆「聘金」。可是依舊放蕩成性，不事生產，最終還是將這筆錢花光，於是偷偷的又去找前妻要錢，適巧被新夫遇見，妻子不敢明說，只好佯稱這是她大哥云云，新夫乃親切的叫他「大舅」，並以禮待之。

幾年後，妻與新夫已有了小孩，這浪蕩子依然故我，又找上前妻要錢，這下兒子可好奇了，問他是何人，妻道：「汝阿舅！」

於是，「賣某做大舅，生子叫阿舅」*，成了府城人的笑譚，用來譏刺「無面底皮」之寡廉鮮恥的男人！

*子：音gia^{n}，廈音ga^{n}，兒子也。囝仔（gin-a）小孩子。嬰仔（i^{n}-a）小娃娃。

千草寮土地——守（酒）鬼

【俗諺輕鬆講】

土地[1]，即「福德正神」土地公也；守，音ciu，與「酒」音近。

這是一句「歇後語」式俗諺，對整天沈醉酒鄉的酒徒，便可稱其為「千草寮土地——酒鬼。」

【故事說從頭】

千草寮，即今台南市南區千草里一帶。清代時，這兒原是一片荒塚地，並蓋有一座「福德祠」。一般福德祠主祀土地公，供人膜拜祈福，但千草寮的福德祠，還供人寄放骨灰罐（金斗），所以府城人戲稱千草寮土地，是在「守鬼」。而「守」與「酒」諧音，對嗜酒成性，鎮日醉醺醺者，便可戲稱其「千草寮土地——守（酒）鬼」也。

像這類「譃諧仔俗語」[2]，日據時南投地區有一句也很有趣。當時「和溪厝派出所」主管姓「松本」，由於松本跟閩南語的「傷本」同音，故如有人做某件事划不來，賠了錢，便笑稱：「和溪厝巡查——松（傷）本」。

1 土地：即土地公之簡稱，地，在此處要唸ㄉㄧˇ。艋舺土地公廟前的馬路，便是依音書為「土治前街」。

2 譃諧仔俗語：「諧譃」音G'e^n K'e^n a，即「諧譃」也，譃諧仔俗語，意同北京的「俏皮話兒」。

台南阿兄仔——吃飽閒閒等死

【俗諺輕鬆講】

在台南，「阿兄」是專指棺材鋪出殯時抬棺工人，或在墓地工作的「土公仔」，用現在的說法就是「殯葬業者」。而一般人說的「哥哥」，台南人叫成「兄哥」。

因為台南的「阿兄」乃專作死人生意的，故謂「吃飽閒閒等死」，原意是指「等死人上門」，而後引申為諷刺人好吃懶作，天天閒晃，無所事事。

【故事說從頭】

台南普濟街，昔日為杉木行集中地，故稱「杉行街」。

早前自福州運來的杉木都集中在此上陸，由於「福州杉」乃製棺木的上等

▲小孩子要從小建立正確的價值觀，免得長大後「吃飽閒閒等死」。（唐永裕攝）

樹材，因此這條街上便有好幾家棺木店，及營殯葬用品的紙紮店。

這些店鋪，常有土公仔坐在門口磕牙，所以台南人笑稱他們是「吃飽閒閒等死」。

好吃懶作，閩南語叫「貧惰骨」[1]，這種人多是「搰力[2]吃，貧惰做」，所謂「吃飯用碗公，做事閃西風[3]」。

萬一個性「鴨霸」不講理，不事生產外，還要惹事生非，「豬吃，狗睏，毛蟹行」，那就要讓做父母的嘆聲：「不願吃苦，才乎父母咧惱[4]」了！

說到罵小孩，七〇年代大陸順口溜有一句說：

一等爸爸不說話，二等爸爸打電話，三等爸爸講好話，四等爸爸坐家罵。

所謂「幾等」爸爸，指官階的大小，想想那個「四等」的爸爸，官小言微，孩子出了事，只能在家罵街打小子，是不是很好玩！

1 貧惰：音ㄅㄢˇ ㄌㄨㄚ¯：或寫成「貧段」。

2 搰力：音kuⁿ lat，勤快之意。

3 西：讀音ㄙㄝ。

4 惱：訓讀ㄌㄡˋ，煩惱、操心之意。咧：擬音字，「在」也。

烏橋仔大學（壆）

【俗諺輕鬆講】

烏橋仔，台南舊地號。學，乃「壆」之諧音，「大壆」指大糞坑。

這句話是台南地區用來諷刺人知識淺薄，卻愛「土包子假紳士」，便可諷之曰：「烏橋仔大學的啦！」

後來引申謙稱自己書唸的不多，就笑稱自己是「烏橋仔大學」卒業[1]的。

【故事說從頭】

烏橋仔今名「新南橋」，它原是大涼里橫跨運河大排之木橋，原先以鐵路枕木構築而成，爲了防腐，便用柏油塗得烏漆抹黑，所以人稱「烏橋仔」。

此地日政時期原有一座化糞場，台南地區泰半水肥，皆由水肥車送來此存放，而後轉送至魚塭地，做爲培養苔質產生魚兒的食物鏈「浮游生物」用。

如此一座大水肥池，當然臭不可聞，因此產生了這麼一句詼諧仔俗話。

像這類的俚語似乎全省各地皆有，都是拿該地方的「大糞坑」來作文章的。

筆者小時候住過某地，該村往大鎮的半路上有座菜農在路邊搭的草寮子，下面挖個大坑，乃收集各路英雄好漢拉出來的「米田共」，做爲澆菜用。

1 卒業：日文「畢業」之意，早前流行歌詞常寫成「出業」。

那地方小地號叫「田寮仔」[2]，故當地人對有人做事或說話「凸槌」[3]，便笑稱是「田寮仔大學」的！

這句話也常被農民用來諷刺那些能力低，卻尸位其間的公務員。

早前的公務員確實好混——

八點上班九點到，一杯茶水一份報，翻翻文件十二點，吃完午飯車馬炮。[4]

這種「上班像條蟲，下班像條龍」的公務員，不是「烏橋仔大學」畢業的，也是「田寮仔大學」混出來的。

如今政府改造，上公務部門洽公，已很少見到「水昆兄」了。

▲現在的公廁都蓋得又美觀又衛生，已非早前「大壆」可比。（陳華民攝）

2 田：語音ㄘㄢˊ。

3 凸槌：現代「國語借音字」，出差錯之意。

4 大陸七〇年代流傳之順口溜，用來形容當年的台灣公務員，亦不遑多讓。

想要好賺，𣍐曉去學蟾蜍仔弄獅頭

【俗諺輕鬆講】

蟾蜍仔，人名；「蟾蜍仔弄獅頭」，乃以其屁股為之。此諺乃譏人做事不腳踏實地，只想不勞而獲，乾脆學蟾蜍仔扭屁股賺錢比較快！

【故事說從頭】

從前府城有個人，綽號「蟾蜍仔」，為人好吃懶做，不事生產，整天到處遊蕩，沒錢的時候，每遇到廟會，便將自己的褲後頭剪破，露出兩片大屁股來，請人在上面畫個獅頭，於是，跑到店家前面拚命的搖動屁股作弄獅狀，眾人被他逗得樂不可支，乃賞以紅包。

蟾蜍仔連獅頭都不必買，只靠一個大屁股就有得賺，而且還是無本生意。因此，對於那些做事不求腳踏實地，「想孔想縫」，只想天上有錢掉下來的人，便譏之曰：「想要好賺，𣍐曉去學蟾蜍仔弄獅頭」！

府城另有一個性質近似但意義不同的俗諺：「這*賢哀，𣍐曉去縣口乎人倩損」！

賢，音Gao，賢哀，指很會哭，而且是一邊哭一邊叫；損，指損腳倉，古時笞刑，打屁股也；倩損，乃代人受刑之意；縣口，指縣衙門。

*這：音：ㄐㄧㄚ，「這兒（樣）」之拗音，這音ㄓㄟ，兒音・ㄚ，兩音快讀拗成一個音就成了ㄐㄧㄚ。

早前刑罰中，笞刑乃最輕者，縣太爺大喊一聲：「拖出去，打五十個大板！」差役急忙拖出，只要賄賂之，通常故做用力狀，其實只是點到爲止。再請個「賢哀」者，大聲哭爹叫娘的，縣老爺在內廳聽起來，像打得夠狠，便覺官威已達，因此，凡愛哭愛鬧者，便開玩笑的譏他：「賢哀，去縣口乎人倩損。」

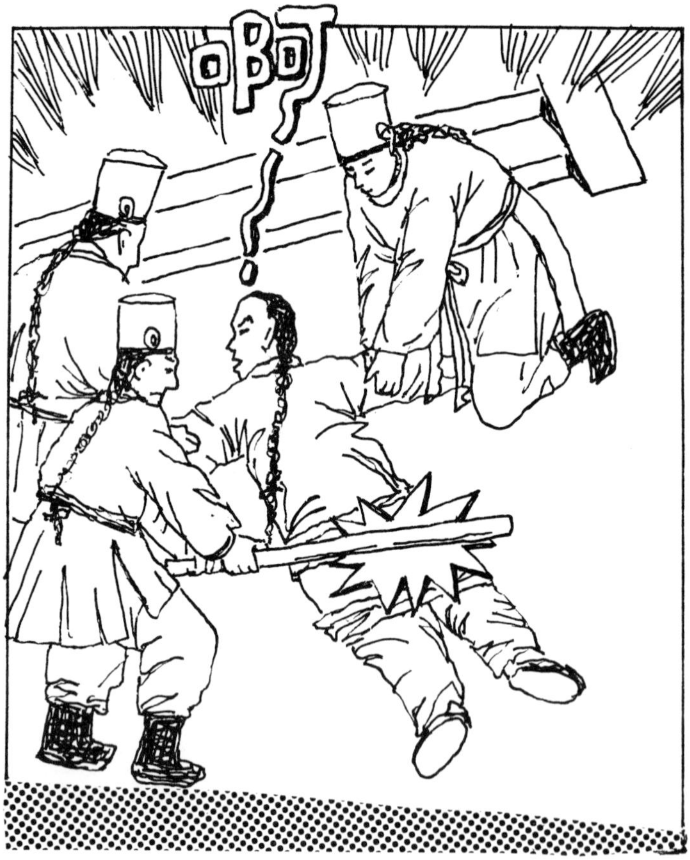

庄頭篇

林大乾，鑄銃打家己

【俗諺輕鬆講】

林大乾，乃「林道乾」之訛音。大，讀音「ㄉㄞˇ」；乾，這裏閩南語音同「墘」；銃，放子彈之「槍」；家己，「自己」也。

此諺若依實情而言應該說成：「林道乾，鑄砲打自己」，意謂「自作自受」也。

【故事說從頭】

林道乾，可算是文史記錄上，第一個有名有姓的入台漢人，較隨沈有容征倭抵「台員」[1]一遊的《東番記》作者——陳第，還早了三十八年。

因此，台地有關他的傳說極多，不過，大多荒誕不經，率皆稗官野史談助者。

林道乾，一說潮州惠來人，或說是泉州人，曾當過邑吏，由於生性「狡詐逾恒」，勾結倭寇犯邊，爲俞大猷官兵追討，退至澎湖，再遁入「台員」，入台時間在明嘉靖四十二年（一五六四年）。當時台灣是個鳥不生蛋的地方，倭人不久北走，林道乾亦揚帆抵「浡泥」[2]，攘其邊地以居，號「道乾港」。

林道乾在台灣的時間極短，了不起一個月，但留下來的傳說極多，最有名的是其妹「打鼓山埋金」[3]一事。至於林道乾爲什麼要鑄砲？又如何打自己呢？

1 台員：明萬曆三十年（一六〇二年）陳第隨沈有容捕倭至安平外海，歸後作《東番記》，文中提到「大員」一地，乃赤嵌外一小島，為入番社的門戶，島上多漢人，乃販海商賈，其後莆田人周嬰在其所著《遠遊篇》中，引《東番記》稱之為「台員」，皆閩南語也，這是最早出現在文獻上的「台灣」原始文字，但指的僅僅是現在「安平」一地。當時台江未淤積，「台員」乃一小島，也有稱之為「一鯤鯓」。一六二四年，荷蘭人攻澎湖不成，被沈有容「諭退」至台員，一六三二年荷蘭人於島上築城並取名Zeelandia（文獻上稱「熱蘭遮

由於林道乾長年轉戰海上，見識到洋船大砲之威力，知道要有一番作為，不鑄砲不行，乃試鑄大砲，根據李長傳的《中國殖民史》一書，引《暹邏紀載》稱：林道乾居留浡泥時，鑄了三尊大砲，最後一尊不成，道乾設祭禱之無效，道乾佛然詛曰：「斯砲苟成，當以身祀之！」

道乾逐一修之，即燃以試，前二尊，都沒問題，到了第三尊時，道乾即挺身當砲口，曰：「當如我言！」

於是，命屬下燃發，沒想到這次作成了，砲力還特別強，可憐林道乾，被轟上了天！還沒打敵人，先把自己給打上了閻羅殿，豪情如是，真海盜本色。

▲前朝的古砲，皆成觀光景點的展示品。（卓宜斌攝）

城」，蓋閩南音也），一六六二年鄭延平趕走荷蘭人，設「東都明京」於赤嵌，由於「台員」閩南語音同「埋完」，鄭氏以為不祥，乃以故鄉「安平」命名。

2 浡泥：今「北婆羅洲」，一說為「大泥」，今泰、馬交界。

3 打鼓山：今高雄市，舊名打狗，乃「番語」音譯。現在高雄的「鼓山」，因此舊稱「打狗山」或「打鼓山」。又因有「林道乾妹埋金」之傳聞，故亦稱「埋金山」。

新營有廟不做醮，查畝營有錢不起廟

【俗諺輕鬆講】

這是清代「台灣縣」兩個村庄之對比俚諺，暗諷「民窮官富」也。

【故事說從頭】

台南縣的柳營，舊名「查畝營」。「查畝營」這個地名，很容易令人聯想到諧音的「查某」，事實上，它是「清查田畝」之意。

話說大清水師提督施琅攻台後，爲養兵計，曾奏設「官庄」，召民開墾，歲入以助軍費，立意雖好，卻產生諸多流弊，所以兵備道陳璸請廢，到了雍正時，才從藍鼎元之奏，再復「官庄」制。

談「官庄制」前，先從荷蘭人的「王田」談起，所謂「王田」，簡言之就是土地國有。鄭氏依前例，改稱「官田」，耕作的農民，則叫「官佃」。

入清後，由於體質不良，加上官員操守不佳，地方文武官員，只要憑一紙官庄認墾書，轉手土豪後，即狠狠賺一筆，土豪再招大租戶，大租戶又招小租戶，小租戶另招佃戶，甚至於佃戶還可招更可憐的小佃戶，如此這般輾轉頂授，形成一條可怕的「利益輸送」帶，造成實際耕作的佃農，種一畝之田，卻要納十畝之糧。而大租戶爲了獲取更大的利益，常常以多報少，百畝之地，謊報數畝之田，結果是政府吃虧，小農民受害，卻飽了「田蟲」。

雍正五年（一七二七年），巡台御史尹秦訪查民情後，上奏建議「化一甲為十一畝三分有奇，計畝徵銀」，為了達到「賦稅公平原則」，雍正九年，開始查畝清丈土地，抓田蟲，抄私田。

因為福建布政使司，在此地派駐有相當於現在的「地政稅徵處」的單位以清查官庄地畝，所以叫「查畝營」。

當時流行的這句俗諺：「新營有廟不做醮，查畝營有錢不起廟」，意思是說新營*為民墾地，多廟卻窮，辦不起大拜拜；而查畝營為駐官查畝徵稅處，錢多多，但不可能蓋廟，暗諷「民窮官富」。

到了大正九年（一九二〇年），日本人才將查畝營改稱為「柳營」。

▲台灣人喜歡蓋廟，而且愈蓋愈大愈華麗。（林玨宏攝）

＊施琅帶領漳州兵攻台，這些軍官功成身退後，佔領了前朝屯田地，並改以清朝兵制的「營」命名，如：林鳳營、五軍營、果毅後營等皆是，至於「下營」、「後營」、「舊營」、「新營」等對照性的地名，皆為這些退伍軍人招募漳人前來新墾之地。

順刹，攻彰化

【俗諺輕鬆講】

順刹，即「順便」之意，泉州音唸「ㄕㄨㄣˇㄕㄨㄚˋ」，漳州音則唸成「ㄒㄧㄥˇㄕㄨㄚˋ」。區別泉、漳音之不同，在於發音時，泉音張口吐音，唇形尖凸，漳音兩邊唇角後拉，音較尖銳。

故事緣於清代「彰化施九緞事件」，用法卻與「革命」械鬥無關；「刹」「化」叶韻，趣味性亦在此，如有人要「你順便」幫他買個東西，或做一件什麼事，你不願意，對方卻央求道：「順刹嘛！」便可回一句：「順刹？順刹攻彰化咧！」

【故事說從頭】

發生在清光緒年間的「彰化施九緞事件」，在有清大大小小的民變中，是一個蠻特殊的案例。

清光緒十二年，首任台灣巡撫劉銘傳爲充裕財政，乃置「清賦局」，著手清丈土地，改訂賦率，發給丈單，此舉本來無可厚非。但民間反對聲浪高漲，之所以反對，私利是一大主因。清代台灣濫墾十分嚴重，奸民常以多報少，因此隱田處處，導致政府稅收短絀，佃農入不敷出，卻中飽了大地主。

當時彰化由知縣蔡麟祥主持，一切尚稱順利。等李嘉棠接掌知縣後，由於李爲一污吏，肆用奸猾，索求無度，以致怨聲載道。

施九緞[1]——二林堡浸水庄（今彰化縣埔鹽鄉新水村）人，當時已是六十多歲的人了，對李嘉棠的作爲極爲不滿，於是夥同王榮，準備策動民衆，前往「抗議」。

簡燦，鹿港土豪，因抗清丈事被捕，有人傳話回家說被判了死刑，簡燦的弟弟，乃聚衆準備前往劫囚。

李盤，爲嘉義土豪，也因爲清丈事，鼓動民變，被右營提督朱煥明率兵追擊，逃到了彰化縣境，與湖仔內庄（今雲林縣莿桐鄉五華村）楊中成會合，暗謀起事。

光緒十四年（一八八八年）八月二十九日，簡燦方面準備劫囚的人馬到了鹿港，才知道簡燦只是被關了起來，並未處死，但人氣鼎沸，一發不可收拾，聚攏來的人群既然散不去，乾脆與施九緞人馬會合，打起「官激民變」的白旗，轉往「彰化縣城」抗議去了。然後，半途又碰上了李盤，於是乎，楊中成這批「革命軍」，要嘴皮子，不如要槍桿子，「順刹，攻彰化」了！

九月二日，進駐八卦山，圍彰化縣城，李嘉棠躲在城內不敢應戰。

九月三日，從嘉義前往支援的朱煥明官兵，在大埔心（今彰化縣埔心鄉）被民衆擊退，朱煥明殉。

劉銘傳聞訊後，派中路軍統領林朝棟馳援。

到了九月十一日，施九緞終於不敵，散的散，逃的逃。

劉銘傳對此一事件，處理得還算漂亮，亂民中，只罰首領，餘皆赦免，知縣李嘉

1 九緞：這名字應該是衙門書辦依音辨字寫的。事實上他的名字叫「渠緞」，是個乩童，人長得瘦瘦高高的，故人呼「猴緞仔」，閩南語「猴」、「九」音近。

棠，則遭撤職。而施九緞傳說病死於浸水庄家中，有的說逃回唐山，總之，下落不明。[2]

這句俚諺之成立，在於「剎」與「化」叶韻。

同樣的情況，另外還有一句俗諺：「順勢，拜上帝」，格式相同，使用的情形可就不同了。

▲中影文化城的城樓，早前影視歌仔戲，常在此拍攝攻城掠地之場面。（陳佳琤提供）

2 據施坤鑑《浸水村的公道大王》一文，引鄉耆馬茂松先生稱：施出生在「過溪寮」，死於「水尾」，皆在今埔鹽鄉三省村，施逃回水尾後，一直躲在附近的蕃薯園，死後由家人偷偷埋藏云。

會過得西螺街，也𣍐過得虎尾溪

【俗諺輕鬆講】

整句話要用廈門腔（海口腔）來唸，才會有那個韻味。過，廈音ㄍㄜˇ，這裏唸泉音ㄍㄨㄟˇ；得，dit（音同「直」）；西螺街，音ㄕㄞ ㄌㄜˇ ㄍㄨㄟ；也，此處唸˙ㄇㄚ；𣍐，音boue；「虎」與「尾」唸時上聲略輕，再滑入下聲，音Ho-o Br-r；溪，音ㄎㄨㄟ。

這句話是說：「過了第一關，不見得過得了第二關。」

【故事說從頭】

此諺有說：「過了濁水溪，也過不了虎尾溪」[1]，另有說成「會過得西螺大橋，也𣍐過得虎尾溪」，這顯然是今人造出來的，清代時濁水溪上半座橋也沒有。

此諺常與「西螺七崁」並提，甚至有人把地方分類械鬥，及民變也扯上來。依筆者看，這應該是關於強人與捕快間的爭鬥、追緝，而產生的一句時代性俚諺。

「會過得×××，也𣍐過得×××」，是一句常用的俚諺格式，日據時，台北就有「會過得鐵枝路，也𣍐過得黑隘門仔」之諺（故事見〈艋舺篇〉同名條），從內容來看，鐵枝路與黑隘門之間這一段，乃大稻埕與艋舺東洋車夫爭鬥的緩衝帶。

回過頭來看此諺，顯然濁水溪與虎尾溪間，乃捕快與凶徒爭鬥的關鍵區了。

1 俗諺俚語，除了一部分由平民百姓自創口傳外，有很大一部分乃出自民間文學創作者，如講古說書人、布袋戲演師、歌仔戲演員，或流浪賣藝人之口，因此，有些句子對仗工整，韻腳分明，說來鏗鏘有力，往往短言片語便能展示出微言大義。「過了……過不了……」顯然是後來傳播者攏統的說法，不若「會過得……也𣍐過得……」來得有口調，且對仗工整，鏗鏘有力。

有清時，虎尾溪為嘉義與彰化兩縣之界河[2]，先提濁水溪畔的西螺，再提虎尾溪，顯然故事的主角是由北邊之彰化縣城下來的。

我們先設定主角是強人大盜，或作姦犯科的暴徒，當彰化縣衙發出緝捕文書後，強人由北南竄，第一道橫亙眼前的是惡水急湍的濁水溪，當他強渡關山成功後，立即要面對「七崁」聯防這道關卡，有清時地方街總，各村庄頭人皆同官府素有來往，且被付與圍捕奸徒的任務，強人再刁鑽，如何同團結一致的「七崁」地方自衛隊拚鬥？

所以說「也膾過得虎尾溪」，在劫難逃，只有束手就縛了。

反過來，再假設主角是縣衙捕快，當他們一路由北追捕逃犯，過了濁水溪，眼看奸徒竄入了「七崁」地頭，但，由於此地離縣城較遠，一向不受官府管束，加上「窮山惡水出刁民」，因此，凶犯便在「友人」的「義氣相挺」下，順利的再渡過虎

2 有清時，虎尾溪以北，大甲溪以南整個地方皆屬彰化縣，一直到光緒十二年（一八八六）才將北港溪以北之嘉義縣地，及濁水溪以南之彰化縣地，包括上游的竹山、集集一帶，新設一縣，名曰：「雲林縣」，典出白樂天句：「亂籐遮石壁，絕澗護雲林」。

尾溪，擺脫掉捕快的追緝，此時，強人囂張的站在岸邊隔河同捕頭大人嗆道：「頭兒，你會過得西螺街，嘛膾過得虎尾溪，哈哈哈！」

這廝江洋大盜何以敢如此囂張？那是因爲清代明文規定，捕快不能越界抓人，人家現在站的是嘉義縣境，彰化縣捕快越過虎尾溪，只能找朋友喝酒打屁，捉小雞都不行，還捉歹徒？

江蘇鎮江地方有句俚諺說：「沒得了，上姚家橋；沒得過，推窯貨」，姚家橋在鎮江東境，以前犯罪的人常逃至此藏身，蓋丹陽縣捕快因受「隔縣不能捕人」的限制，也拿他們無可奈何，顯然台地也有此種現象，因而有此諺了。

以上兩種假設性情境，我個人比較傾向第一種，孰是孰非，只有就教於方家了。

山河仔吃焿粽——硬吞

【俗諺輕鬆講】

山河仔，人名；焿粽，以米拌鹼而製的粽子，需沾甜漿而食，所以又叫「甜粽」。這是一句歇後語式之諺：「山河仔吃焿[1]粽——硬吞」，形容本不想做，卻礙於面子，死命撐下去之意。

【故事說從頭】

早前屏東地方，有個叫「山河仔」的人，以賣粽爲業，有一回做了一籠焿粽，可能焿油用太多了，其味極苦，就算沾了糖漿，亦難下嚥。

山河仔面子掛不住，說：「不會啊，我吃給你們看！」於是，哽著喉頭，鼓著腮幫子，漲著一張紅臉，硬吞下三、四個苦焿粽，眞是「死要面子，活受罪！」

同樣以人之異行怪狀爲諺者，中部地區尚有一句：「煌仙仔挫嘴齒——皮皮剉」[2]。

煌仙仔是個牙醫，大概學醫不精[3]，每次幫人拔牙時，病人痛得大叫，他也跟著全身抖動道：「好嘍，好嘍，嬒痛，嬒痛。」這句「詼諧仔俗諺」有趣處在於「挫」與「剉」音同行爲不同，所產生的好笑畫面。

1 焿：泉音ㄍㄧ。

2 挫、剉：皆唸成·ㄘㄨㄚ，前者指拔牙，後者言身手抖動「皮皮剉」也；嘴，今人常寫成「喙」，喙，國語註音ㄏㄨㄟˋ，鳥嘴也，錯用字。

3 早前牙醫很多是學徒制出身。

跟雞跟狗，甘願跟陳三走

【俗諺輕鬆講】

跟：泉音ㄉㄨㄟˇ，廈音ㄉㄜˇ，漳音·ㄉㄧㄝ。雞：泉音ㄍㄨㄟ，漳音ㄍㄟ；陳三，戲曲《陳三五娘》故事主角。

這句話的意思是說，不管張三、李四、王二麻子，我都不嫁，這輩子只跟定陳三一個人走，這是痴心女子的痴情展現。

古人常說：「查某囝仔，菜籽仔命」所以女人必須「嫁雞跟雞走，嫁狗跟狗號，嫁乞食揹袈子斗」[1]，意思是「要認命」也。

但這句俗語，卻體現了女子潛意識中自主權的表現，可見在愛情的魔力下，女人可一點也不軟弱呢！

【故事說從頭】

歌仔戲是早前農業社會婦女唯一較奢侈的休閒娛樂，所以才子佳人式的愛情劇目特別引人共鳴。其中尤以陳三、唐伯虎、梁山伯三人更是婦女心儀的夢中情人。

《陳三五娘》的故事，最早出現在明人的話本小說《荔鏡記》[2]。

述說泉州書生陳伯卿[3]至潮州找其兄，於元宵夜賞花燈時，偶遇富家女黃五娘，陳

1 號：吠也；揹，音p'ait；袈子斗：乞丐行乞用之麻袋，音ㄍㄚ·ㄓㄉㄠˋ。

2 據考證，陳三五娘故事最早出現在明中葉的傳奇小說《荔鏡傳》，至嘉靖年間，方又出現一本以閩南語書寫的《荔鏡記戲文》（閩南語稱劇本叫「戲文」），而《荔鏡記》則稱是據《荔枝記》改寫。三書皆未註明作者。

3 陳三本名《荔鏡傳》作「必卿」，其兄名「必賢」；而《荔鏡記》則稱陳三作「必卿」或「伯卿」，其兄名「必賢」，又作「伯延」，應該是配合方言發音而更動也。

三心生愛慕，乃喬裝爲磨鏡匠，故意把鏡子打破，因無力賠償，便賣身到五娘家爲奴，於是乎，展開了一段浪漫的才子佳人戀情……。

從五娘父母將她許配給富戶林大鼻，到陳三與五娘私奔，而後林大鼻知悉告狀，到五娘投井，及陳三求其兄搬兵來援，至發現五娘遺書及繡鞋後，亦跟著投井自盡！

這一幕幕煽情的愛情折子，多少年來，不知燃起了多少婦女心中的夢情，難怪會有「跟雞跟狗，甘願跟陳三走」之慨嘆了。

由於《陳三五娘》故事在閩南及台灣一帶，極爲膾炙人口，由此故事產生的諺語還有：「親像陳三在磨鏡。」

親像，「好像」之意，泉音ㄘㄢ ㄑㄧㄨ；在，音「·ㄌㄧㄝ」；意思是指冒牌貨，怎麼做也做不好！「益春伴五娘賞花。」益春，音「ㄧㄚ ㄘㄨㄢˊ ·ㄚ」，五娘的ㄚ鬟，指配角，陪在主角旁的人，例如相親時，陪人家去撐場面，便可說：「我不過是『益春仔伴五娘賞花！』而已！」

▲才子佳人的故事，向來最能擄獲婦女的心思。（雜劇《摘錦奇音》插圖）

三人共五目，日後無長短腳話

【俗諺輕鬆講】

這是句源於民間笑譚的俚諺，意思是話說在前頭，大家「歡喜甘願」，以後別有任何糾紛。

這是一句使用極廣的俗語話，如今亦常有人提及。

【故事說從頭】

早前男婚女嫁，靠的是媒婆的撮合，俗話說：「媒人嘴胡鋭鋭」，意思是媒人的嘴最利害，死的，都可以把它說成活的！

話說有一跛足者，因爲身體不完全，始終找不到婚姻對象，適巧有一單眼失明的女子正在找婆家，這媒婆於是設計讓雙方見面。

見面地點約在廟埕前，首先，男方先至廟前坐在一長椅上，然後請女方依約前來，以一把扇子半遮失明之單眼，翩翩然自男方面前經過。

這個時候，男的見女方綽約佳人，而女方則見男方相貌端正，彼此都有了好感，媒婆於是向雙方言明：「三人共五目，日後無長短腳話！」

她的意思是，今天我們三個人，總共有「五個眼睛」，大家看清楚，以後別拿「長短腳」的話題來反悔。

雙方此時正是乾柴碰到烈火，哪注意到她話中有機關，於是婚事談成。等結婚當天，才發現彼此缺陷，便跟媒婆吵了起來，這媒婆可理直氣壯了：

「想清楚喔，彼工*，我可講得很明白，三人共五目，日後大家無長短腳話！」

這兩人一想，說得也是，自己先騙了人家，怨不得誰，反正卿須憐我，我憐卿，也就湊合湊合了。

*彼工：「那一天」之意。本省「海線」多泉州籍移民，「山線」多漳州移民，由於說話嘴形不同，故用詞也各異。例如，那一天：海線說「彼工」，山線說「彼日」；蟬：海線說「喞蠽」，山線說「庵蜅齊」；蟋蟀海線說「肚猴」，山線說「肚把仔」；螢火蟲：海線說「火金姑」，山線說「火金星」；遊手好閒者：海線說「駱駝仙」；山線說「竹雞仔」；草蜢：海線說「草mi-a」，山線說「草me-a」等，皆因發音時嘴形不同而產生之差別。

攑飯匙抵貓

【俗諺輕鬆講】

攑，音gia，這裡做「拿」解；抵，音ㄉㄨˋ；拿一根飯匙，去抵人家一隻貓，意思是以賤換貴，佔人便宜之意。

【故事說從頭】

此諺源自一則民間笑譚。

話說某甲飼有一隻貓，有一天，某乙向他借去捕捉家鼠，卻無意間走失了，某甲向乙催討，乙自然還不出，於是，某甲說，他那隻貓是：「黑貓白肚，值銀二千五！」

某乙只得賠他二千五，自認倒楣了事。

誰知，後來某甲向乙借了一根飯匙，卻也弄丟了，這回某乙著實不客氣的向甲說，他那根竹飯匙：「飯匙有一目，值銀二千六！」＊

這下子，不但前帳要回，還倒賺了一百呢！這則笑譚最有趣的是，兩則皆用韻腳爲典，令人忍俊不住。

＊飯匙有一目：該飯匙為「竹飯匙」，竹子隆起處之節頭，閩南語叫「目」。

匏仔光光滑滑，無削皮人也罵；苦瓜貓貓鼈鼈，削皮人也罵

【俗諺輕鬆講】

匏仔，葫蘆科植物[1]；貓貓鼈鼈，指苦瓜表皮凹凹凸凸不平的樣子。這句俚諺，在很多工廠職場中，常被人拿來自嘲，意思是「動輒得咎」，有點類似「有功無賞，打破要賠」，不過，語意輕鬆多了，因爲，它本來就是源自一個「民間笑話」。

【故事說從頭】

話說早前有個笨媳婦，「做查某囝仔」時，母親沒教好，嫁做人家婦後，烹飪廚事，常常出糗。

有一次煮「匏仔」，她見匏瓜皮光滑可愛，於是將它像煮茄子一樣，沒削皮就煮了，結果挨婆婆一頓數落。

隔天，家裡煮苦瓜湯，苦瓜表皮佈滿凸起之細粒籽，貓貓鱉鱉的極難看，想起昨天挨罵的事，於是細細心心的，將苦瓜皮削得乾乾淨淨，燉了一碗苦瓜排骨湯，沒想到這回，「大家」[2]罵得更兇，想想，苦瓜的營養風味，儘在那些皮上，削了怎能吃？

1 匏仔：連橫《台灣通史》〈農業志〉：「匏有兩種：一曰長匏，亦名蠟條匏，長可三尺；一曰勁匏，亦名葫蘆匏，皆可佐食。而勁匏老則堅，剖以為器。」所謂「為器」乃指它可用來當舀湯水之「匏杓子」（p'ut hia-a）也。

2 大家：音「ㄉㄚ ㄍㄝ」，老公的母親。婆婆，閩南語叫「大家」，公公，則稱「大官」。

這笨媳婦委屈的躲在廚房裡，自怨自艾道：「麭仔光光滑滑，沒削皮人也罵，苦瓜貓貓鱉鱉，削了皮，人也罵！我哪會這等歹命？」

後來，演變成形容一個人，「自作聰明，弄巧成拙」之行爲，進一步，引申爲吃頭路人，對自己「怎麼做，怎麼錯」之自我解嘲！

提到「吃頭路」人的牢騷，這一句應可列入最高境界：

一千無份，八百無分，刣頭照輪！

份，音Hun；分，Boun。好的，咱沾不到邊，挨罵受罰準輪得到，怨嘆呵！

台灣「吃頭路」人的怨嘆，是因爲自己忙個半死，沒受到老闆的青眼嘉許。

大陸七〇年代有句順口溜說：

大混小混，一帆風順，苦幹實幹，撤職查辨。

看人家多「瀟灑」，我自個兒逍遙，管你老闆的眼球是黑的或白的。

如此混到最後，也就成精了。

侃大山，討論會，一張報紙看百回，白痴也帶點政治味。

無某無猴

【俗諺輕鬆講】

某，「老婆」、「妻子」也。

這是一句用來形容「羅漢腳」、「獨身仔」[1]之常用俗語話，指單操一個，其他啥子也沒有。

【故事說從頭】

話說早前某地，有個李姓農人，力田自足，境況並不理想，家中有一女，名喚「月娥」，長得頗清秀。

有一年，李氏夫婦偕同月娥到廟裏拜拜，結識一陳姓書生，對月娥頗爲心儀；後來，李因欠債無力償還，突然想起陳生，欲以女兒許配之，再拿聘金還債，陳生對月娥一直念念不忘，便欣然答應了。

李氏夫婦以這筆聘金解困後，竟食髓知味，將女兒一傢伙，又許配給林姓樵夫及吳姓耍猴戲者，當然，照樣拿了聘金。

事情終於暴露，李氏夫婦在擺不平的情況下，便問三位青年，各人的專長是什麼？

陳生說：「文章！」

1 獨身仔：「獨身」是日式名詞，這是日據後對未婚者之稱呼，如今更難聽，叫「聖（剩）男」。

林生曰：「射藝！」

吳生道：「慚愧，大概跑得比較快！」

李父說：「很好，爲今之計，你們各人就以專長比試，勝者得吾女。」

比賽辦法是這樣的，陳生寫十篇文章，林生將院中榕樹，射下百片葉子，吳生則跑到縣城，將「城隍廟」的木魚取回。

比賽開始，陳生振筆疾書，林生挽弓射葉，吳生則拔腿向縣城方向跑去！

當陳生寫好第九篇文章，林生射下七、八十片葉子時，卻見吳生邊敲著木魚，跑了進來，至此婚事終成定局。

成婚當天，月娥見吳家豢養的一隻猴子，一直在場亂跳亂叫，顯得喜孜孜的樣子，吳生在一旁告訴她：

「我們能結成連理，最該感謝的是牠！」月娥不解，吳生繼續說：「憑我再會跑，從縣城拿回木魚也趕不過他倆，木魚是這隻猴子代我跑到縣城拿回，再到半途交給我的！」

月娥一聽，不覺憤恨莫名，無法跟自己心儀的陳生結連理，反而一輩子要服侍這個小人，乃心生一計，當下手撫胸口喊痛，說心口常有疼痛的老毛病，每當發作得很厲害時，母親常用新鮮的「猴肝」給她吃，病情立刻好轉。

吳生初討老婆，當然疼愛有加，二話不說，抓起猴子便跑到廚房，將那廝給宰了！煮了一碗熱騰騰的「猴肝」，親自捧來新房，卻發現月娥已懸樑自盡！[2]

這下子，眞的「某」沒了，賺錢的工具「猴子」也沒了！

2 另有一傳說是：月娥稱是嫦娥下凡，試探人間善惡，言罷奔月而去！

後來，對已過「適婚年齡」，卻一直未娶，孑然一身的「羅漢腳」，便稱之爲「無某無猴」，那個年代，這句話當然帶有鄙視之意，而今時代不同了，他們現在叫「單身貴族」！

▲「保庇！保庇啊！阮厝彼個『剩男』卡緊找到媳婦，不通一世人無某無猴喔！」（陳華民攝）

貓猴變無蚊，騎牛去北港

【俗諺輕鬆講】

貓猴，人名；變，音同「柄」ㄅㄧˋ，閩南語搞花樣叫「變猴弄」，「變無蚊」，就是窮極無聊變不出新花樣之意。

這是雲林地方俗語，用來嘲諷人整天遊手好閒，無所事事，搞個花樣窮開心！

【故事說從頭】

早前雲林北港地區，有個無賴漢，人長得瘦瘦的，兼又痲臉，所以人家叫他「貓猴」。

貓猴不事生產，整天到處閒晃，要不就惹事生非，實在是窮極無聊了，騎著水牛到北港街上閒逛起來，因此惹人笑話，便有了此諺。

水牛是用來耕田的，他卻拿來當「𨑨迌物」[1]，實在有夠無聊。「蚊」、「港」叶韻，乃此諺趣味性所在。像這種遊手好閒的俗語話，有說成「算電火柱仔」、「做交通警察」等；在澎湖，還有說成「損碼頭鑼」者。

日據時初引進之機車，台人依日文外來語，呼之曰：「烏都醜」[2]，由於是新鮮玩意兒，一般只有醫生這種高收入者才買得起。中部某地方有個醫生叫胡萬立，也買了一

1 𨑨迌物：𨑨迌，音Chi-Tol，物，泉音ㄇㄣˋ，漳音ㄇㄧˋ，即玩具，玩物也。

2 日文摩托車：オートバイ(autobike)。

台，作爲出診之交通工具，但他老大會發動，卻不會停車，常常手忙腳亂闖出老遠才將車子停住，因此，每當他到了出診處，正在慌手慌腳踩煞車時，衆人便大喊：「閃！閃！胡萬立來啊，不閃你就無命。」從此產生了一句詼諧仔俗諺說：

胡萬立騎烏都醜——凍𣍐條

「凍𣍐條」原本是說他機車「煞不住」的意思，引申爲「控制不了」，既詼諧，又傳神。

客人仔麵——免

【俗諺輕鬆講】

我們現在稱閩、粵客屬人士叫「客家人」，這個「家」字是日本人給加上去的，早期都只稱呼他們「客人」，閩南語又習慣在尾音加個「·ㄚ」，如：「外省仔人」、「阿兜仔（老外）」等，因此，稱呼客家人，便說成「客人仔」。

麵，閩南語叫mi^{n}，客家話則說成ㄇㄧㄢˋ，發音很像閩南語的「免」，不必了，不要了之意。

這是流行於早前的俚諺，自從民國卅八年大陸人士撤退來台後，本地人發現外省人的mi^{n}也叫ㄇㄧㄢˋ，於是，又產生了另外一句異曲同工的諺語：「外省仔麵——免」。

【故事說從頭】

客家人來台的時間很早，鄭氏時代，他們就已經同泉州人一道移民過來了。

鄭氏在台基地在今台南市一帶，他的同鄉頂港三邑人亦都居於此，而下港的同安人，則都住在海陬[1]，從布袋、東石，一直到二林，客家人[2]則與同安人雜居其中，他們大都住在今天的雲林縣一帶，並越過濁水溪，再往北遷徙至溪洲、田尾、社頭等地。

清季所謂「閩粵分類械鬥」，究其原因，有一部分常常是出於語言的差異，而引起

1 就因為下港人皆住在海邊一帶，才會被頂港人呼之為「海口人」，而同安腔，則成了「海口腔」。

2 他們大都是閩西的客家人，即一般通稱的「福佬客」。

的磨擦。

但由於語言的不同，而產生的一些詼諧仔俚諺，亦頗曉趣味，聽了令人不禁莞爾，例如：

客人仔穿鞋——足壞

「穿鞋」客語叫「著靴」音chio-hai[3]，很像閩南話的「非常糟糕」。

客人仔食龍眼——死鏗鏗

「龍眼」客語說**gian-gia**，「食龍眼」聽起來頗似閩南語的「死鏗鏗」，意即「害紐紐」，沒藥救了。

「客人仔麵」是以食物的諧音，形成趣味性的俗諺。

而廣西的漢人，因見苗人煮菜、作湯，常把咱們作為主食的白米，當佐料用，這可新鮮，因而產生了這樣的諺語：

苗人不講理，煮湯放把米。

▲客家人的信仰中心——三山國王廟。（陳華民攝）

3 湖南話「靴子」，就叫做「孩子」。

倒擔檳榔落廣東

【俗諺輕鬆講】

檳榔：連橫《台灣通史》〈農業志〉：「檳榔：高一、二丈，直幹無枝……實如大棗，色綠，一莖數十粒……剖實為二，和以蔞藤、石灰，台人多嗜食之，謂可辟瘴。」

落：往南走謂「落」，如「落南洋」，往北走叫「上」，如「上京趕考」。

檳榔本產自東印度，傳入中國以廣東居多，而你卻擔著檳榔要到廣東賣？這種人不是笨，就是錢太多，生意是做著玩的。

這句話是諷刺人行事莽撞，一味孤行，全不計後果也。

【故事說從頭】

廣東在我國南方，很早以前就同南洋民族有來往，因此，一些番邦物種也很早就傳入廣東，檳榔即其中之一，李時珍《本草》謂：「廣人凡貴客，必先呈此果。」

可見廣東人嚼檳榔的歷史極久。

檳榔不只果實可以嚼，檳榔心更是美味，道咸間，官至福建巡撫的王凱泰，寫有《台灣雜詠》三十二則，其中一則曰：

「好竹連山覺筍香，馬蹄入市許先嘗；誰知瘴霧蠻煙裏，別有花豬二尺長。」[1]

1 花豬：檳榔筍名，今稱「半天筍」，詩自註：「檳榔筍較竹筍嫩。」

廣東因同外國人通商極早，很多洋玩意兒，皆由廣東再銷至內地，包括「眼鏡」，因此被稱之爲「廣東目鏡」。有句俗諺是這麼說的：

廣東目鏡，在人甲目

「在人甲目」[2]是說每個人配眼鏡有他自己的需求，他自認爲好，就是好，別人無權置喙，所謂「青菜蘿蔔，各有所好」，引申爲「各人有各人的觀點、偏好」之意。

▲前北大校長蔡元培戴著「甲目」的「廣東目鏡」。（陳華民翻拍）

2甲：借音字，「配合」之意。「廣東目鏡」，亦可稱「水晶目鏡」。常在《風月》報上點評花譜的林華便曾寫道：「語云人心不同如其面，既心不同，則見妓貌之目自異，所見各異，則評花互有異同，所以我羡為西子，人詆為無鹽者有之，我鄙為阿猴藝妲，而人竟目為北里名妓者亦有之。俗云『情人眼底出西施』，所謂『水晶目鏡在人掛』也」。

好好鱟刣到屎那流

【俗諺輕鬆講】

鱟，音ㄏㄠˉ。這是可以上推到幾億年前就已存在的生物，以前在台灣西部海邊，及金門皆有，如今已愈來愈稀少了。

鱟（國語注音ㄏㄡˋ）屬甲殼類，有著堅硬的外殼，加上十二隻足，及如劍狀的尾部，因之烹煮鱟肉時，下刀極其重要，笨手笨腳者，常宰得鱟屎橫流，搞砸了一道菜。

這是一句用來責人莽撞壞事的用詞。語氣較輕，只能算「薄責」，若眞生氣，恐怕就得罵聲：「生雞卵的無，放雞屎的有」了。

【故事說從頭】

鱟，稱不上珍品，但物以稀爲貴，庖丁宰鱟是門學問，下刀要乾淨俐落，去腳、挖肉、取蛋，一步步來，若下錯刀位，造成鱟屎橫流，整隻鱟就報廢了。

「刣鱟」和作事道理是一樣的，都得步步爲營，按部就班來，不能急功近利，猶想要抄小路，取捷徑，反而將一隻「好好鱟，刣到屎那流」[1]，那就後悔莫及了。

同樣由鱟而來的諺語還有：

大那鱟，細那豆[2]

1 好好：唸時要加個尾音「·ㄚ」。到：音ㄍㄚˇ。

2 那：借音字，「若」之意。細：這裏當「小」解。

是指大小對比差距太大，大的太大，小的太小之意。

鱟腳鱟趖[3]

是形容「慢郎中」型的人，做事慢呑呑的，「無要無緊」的態度。

揀到死鱟

跟「青瞑雞，啄著蟲」一樣，帶有諷刺的意味。

由於鱟的外殼堅硬，以前常被拿來舀湯、舀糜用，所以勺子，在閩台皆呼爲「鱟舀仔」[4]。

▲台灣西部河口海岸，偶而會捕獲到鱟。（陳華民攝）

3 趖：音ㄙㄨㄛˊ，慢慢爬行狀。

4 舀：音k'at，閩南語「舀水」說成k'at zui，舀水的器具，則謂hau k'at-a。

龜笑鱉無尾

【俗諺輕鬆講】

龜與鱉外形類似，龜是草食性，較溫和，鱉則屬肉食性，較凶暴。龜與鱉的尾巴都很短，龜只比鱉略長一些。

這句俚諺同另一句「七仔笑八仔」一樣，皆指那些只見到別人的缺點，忘了自己也好不到那兒，卻又偏愛嘲笑他人者，便可稱之「龜笑鱉無尾」。

【故事說從頭】

龜，是長壽的象徵。

奇怪的是，俗諺中提到龜卻都沒什麼好話，例如：「龜龜鱉鱉」，「龜龜毛毛」，「龜腳趖出來」等[1]。

《雨航雜錄》曰：「道書龜為地甲，殺者奪壽，活者延年。」所以早前寺廟皆設有放生池，謂之「龜池」，放的幾乎全是烏龜。

吳子光[2]的《台灣記事》一書，提到他在苗栗海邊見到的兩則異事：

清咸豐中，白沙墩有「巨魚乘暮潮入，臥甃沙灘上，魚長十餘丈，高二丈許」，這裡提到的應該是鯨魚，有人拿木杈叉開其口，走入魚腹，裏頭有臂釧、辮髮及骷髏等

1 龜龜鱉鱉，指做事不甘脆。龜龜毛毛，言意見多，毛病多。龜腳趖出來，意同「露出馬腳」，「趖」音：ㄙㄨㄛˊ，緩慢爬行狀。

2 吳子光：同光時苗栗舉人，原籍廣東嘉應，著有《經餘雜錄》、《一肚皮集》、《芸閣山人集》等書。

物，蓋舟人葬身魚腹也。「有點者取肉少許試煎，果獲油無算」，於是一傢伙遠近人等全跑來割肉輦載而去，至數十日方休。

另一件是隔年在後壠港，有漁夫捕得一巨黿，可能是綠蠵龜，漁人用牛車數輛載至貓裡（苗栗）拍賣，舉人劉修堂「睹而心惻，急贖以金」載返海邊放生，「黿屢回首左右顧，微示銘感意，久之乃蠢蠢入水而沒。」

《述異記》稱：「龜一千年生毛，壽五千歲謂之神龜，萬年曰靈龜。」所以古人將之目爲祥物，連取名都無諱龜字，唐玄宗時的優人李龜年便是一例，日本人由漢唐引進文物，亦以龜爲吉祥象徵，名叫龜太郎、龜吉者更是普遍。

就不曉得咱們這邊，什麼時候「烏龜」變成罵人的話了。

還好，咱們還有一種以米麵壓模成龜形的「紅龜粿」，作爲供桌上敬神的供品，紅龜粿內餡包的是紅豆，沒內餡者也都是甜的，甜甜神明的嘴，讓祂上天說好話唄！

可萬一裏頭包的是鹹的呢？

糟糕，烏龜老大成了粿型，還要被人們消遣一番，看看這一句：

紅龜包鹹菜

「紅龜粿」是沒有包鹹菜的，包了鹹菜就不該壓成龜型，還抹紅，這不是存心詐騙麼？

難怪要被追加一句：「膨脝龜」[3]了。

3 膨脝：肚皮腫脹狀，引申為「吹牛」欺瞞。膨脝，有人寫成「膨風」。

嫁入城，無食也好名；嫁入山，有食嘛黑干

【俗諺輕鬆講】

城，指「斗六城」；食，音「ㄐㄧㄚˋ」，好名，猶言「好名聲」。干，「菜脯曝干」；黑干，意指「又黑又瘦」也。

這是早前雲林縣林內鄉的一句地方俗諺，「查某囝仔，嫁好尀食好做輕可」，人之常情也。

【故事說從頭】

雲林縣的林內鄉[1]，是個平原與山區交界的窮鄉，人口不多，大都以農爲主，此地南鄰斗六，東接集集。

斗六，乃雲林縣治所在地，爲平埔族Tawrag社（斗六社）舊地，最早稱之爲「斗六門」。

由於地名叫「斗六」，於是產生了這樣有趣的傳說：

話說清代時，有司將在中南部新置官衙，消息傳出，引起嘉義與斗六兩地人士的爭取，上司在無法取捨下，便定出這麼一個辦法：兩地各派代表以一個斗，盛滿當地之泥土，然後用秤秤土，重者爲新衙門設置地。

1 林內：「林」音Na-A，指森林地，此地早前多森林，明末鄭氏部將鄭萃興即已入墾。

消息傳出，嘉義人有幾分「奸巧」[2]，便在土裡加了些鹽巴，放入斗內，這一來，自然重多了，於是，有司便如前諾，置新衙門於嘉義。由於嘉義方面滲入鹽巴的泥土，一斗恰值「斗六」方面泥土一斗六升，所以，這地方以後被叫成「斗六」了。

故事也許有趣，很明顯都是瞎掰，當成民間「講古」談談可以，可別當眞。

光緒十二年（一八八六年），清政府爲了拓墾後山，於是，劃出屬嘉義縣北港溪以北，及彰化縣濁水溪以南之地，新置一縣。

光緒十三年四月，首任知縣陳世烈來台，進駐「斗六門」，開始籌建縣府。陳知縣憑堪輿之說，卜定沙連堡林圯埔街外土名「雲林坪」[3]，爲新建城處，並引白樂天句：「亂篠遮石壁，絕澗護雲林」，定新城爲「雲林」，並以爲縣名。

雲林置縣，主要在於「開山撫番」，所以，縣城才捨斗六門，而置於雲林坪，但由於濁水、清水二溪，每遇雨即泛濫成災，交通阻絕，加以縣府過於偏東，亦極爲不便。

到了光緒十九年，第五任知縣李烱，乃將縣城遷至斗六門。

林內，舊稱「林仔內」Na-A-Lai，光看地名，便知其爲平原入山之處；集集[4]現在行政劃分上雖屬「南投縣」，清代時，其地原爲雲林縣的一部分，在地理環境，皆屬濁水溪流域。

林內位在縣城斗六與後山第一鎭的「集集」之間；林內因窮，這兒的婦女以嫁給斗六城裡人爲榮，就算嫁過去，沒吃什麼好的，至少，有「好名聲，乎人探聽！」

如嫁到內山的集集，草地所在，一天到晚有幹不完的粗活，縱有得吃，也會被工作累到「黑乾瘦」，林內查某囝仔皆視爲畏途也。

2 奸巧：音ㄍㄢ ㄎㄧㄠˋ，小聰明之意。

3 雲林坪：今南投縣竹山鎮雲林里。

4 集集：地名源於Chiv-Chiv「番社」。此地早前為一大森林地，乾隆三十六年（一七七一年）初入墾時，因位在森林邊，故地名叫「林仔尾」，嗣後逐漸東拓，並架一柴橋以利通行，因此地名叫「柴橋頭」，日後商家舖戶在林仔尾與柴橋頭間聚集，乃以「番音」之集集以為地名，取「四民來集」也。

當然，地方貧瘠誰都不想待，台北松山的五分埔，現在拜「信義計劃」建設之賜，房價飆成天價，還人人搶著「進駐」當「信義豪門、城市貴族」。早前這兒由於土質不適合耕種，是錫口[5]有名的貧民區，當地有句俗諺說：「五分埔土粘，五分埔查某雜唸！」嫁到土粘的村庄來，女人不雜唸才怪。

府城台南的安平，早前是個商業及唐山進出口貿易的城市，有錢的富賈無數，所以當地有一句俗諺說：

妳若愛閒，且來嫁安平！

跟林內、五分埔的俗語話，恰恰成了強烈的對比。

而在澎湖，更有一句：「要做台灣豬，不做澎湖人！」之諺，更活生生的傳達了貧窮給人的煎熬，誰都害怕。胡建偉《澎湖紀略》上說：「澎湖女人台灣牛」。封建時代，女人「油麻菜籽命」的無奈中，還是有那麼一份選擇「好田地」的潛在心思吧！

同「澎湖女人」一樣，雲南麗江一帶的女人，其勤勞吃苦肯做事的性情，似乎被男人當成了「生產工具」般看待，當地有句俚諺說：「有錢買個騾，不如買個劍川婆」，話有點毒，但只要到當地走一圈，就知道其言不虛，不得不佩服「劍川婆」的能耐了。

5 錫口：一九二〇年前，台北松山名曰「錫口」。

九萬十八千，八秀三貢生

【俗諺輕鬆講】

這是清代高雄縣內門的一句地方俗諺。

萬，稱家財上萬；千，指家財上千。「九萬十八千」，乃指家財上萬者，有九家；上千者，有十八家。

而「八秀三貢生」，指秀才八人，貢生三人也。

【故事說從頭】

現在高雄縣內門鄉，清代時叫「羅漢門」，此地開發甚早，明鄭時，台灣文壇開山老祖沈光文，爲避鄭經之鋒曾遁入羅漢門，設塾教學，所以文風燦然。雍正九年（一七三一年），並設「台灣縣丞」於此。

羅漢門，又分爲羅漢外門里與羅漢內門里。

外門里，最早叫「蕃薯寮」，有清時曾設有「蕃薯寮塘」[1]，一九二〇年，日人將其更名爲「旗山」。

內門里，即今天的內門鄉，在雍正十一年（一七三三年）時，由台灣縣丞葉文炳倡建「觀音亭」祠廟一座，以爲地方鎮護，並供行旅休息，故早前，此地又叫「觀音

1 蕃薯寮塘：此地最早移入者為漳州人，由於地貧，只能種蕃薯等雜糧，故名「蕃薯寮」。汛、塘，皆有清綠營兵制，汛為駐弁防備；塘乃派兵分守，皆設於邊陲。此地近「番界」，故設「塘兵」駐守。

亭」。

由於地處平原進入山區之要衝，故商旅往返，生意興盛，因此產生了不少的「好額人」[2]！

地方有錢，子弟才有餘裕向學，培養出讀書人。

明清科舉制度，凡童生參加「歲試」考取府縣學入學資格後，成爲「生員」，即一般通稱的「秀才」。以現在標準來看，就是初中肄業生。

2好額人：閩南語「有錢人」也。

貢生，則是由府州縣儒學生員中，選學行俱優者，貢諸京師，升入太學。貢生，又分副貢、拔貢、優貢、恩貢、歲貢等「五貢」。拔貢，若選「保和殿」覆試，取一二等者，可以七品小京官，或知縣、教諭任用。

而優貢，就是所謂的「資優生」，從學政使到巡撫，到朝考，一路會試及格後，一等任知縣，二等任教諭，三等任訓導。

內門一地，有八秀三貢生，文風之盛，可見一斑。

像這類以地方之成就或特色爲諺，無非強調「地靈人傑」，吾鄉高人一等，而引以爲傲也！

如台北大龍峒的：「五步一秀，十步一舉。」

錫口的：「九萬二七千」等皆是。

而金門更有「九里三提督，一榜五進士」之傲人成就，難怪金門人會驕傲的說：

「會一榜五進士，才算有才調」[3]。

3 有才調：「有辦法、有本事」之意。《晉書》〈王接傳論〉：「王接才調秀出，見賞知音。」

流秋秋，食兩蕊目睭

【俗諺輕鬆講】

流者，眼波流轉也，音Liu；秋，秋波，亦指眼波流盼[1]；食：俗解做「靠」之意；蕊，閩南語稱眼睛之數目叫「蕊」，兩蕊目睭，即「兩隻眼睛」。

這是一句流傳頗廣的俗諺，指眼光要「金」、要「利」，逮到機會立即行動，才不會「慢來千擔羨[2]！」

【故事說從頭】

「桃花過渡」爲台灣民間俗文學中一個極有趣的故事，最早之刊本，出現在道光六年（一八二六年），曲調諧謔，情節突梯，老風流的「渡船伯」與輕佻風騷的「桃花姐」，兩人在渡船頭打情罵俏，一來一往，頗爲「笑科」，其中有句：「五月啊，人人爬龍船，流秋的查某咿嘟愛風流！」

這流秋，當然指桃花姐眼波流盼，勾魂挑情的神態。

而後來的「流秋秋，吃兩蕊目睭！」則引申成目光之銳利獨到也。

「桃花過渡」這首民謠，從一月唱到十二月，又長又慢，因此，常被拿來跟「武松打虎」相比，諷刺一個人兩種不同的行爲表現，如：「吃飯那武松打虎，做著代誌千那

1 流秋秋：亦可寫成「溜秋秋」，或「流流秋秋」。

2 羨：音gian。

親像桃花過渡！」[3]

東北地方有句俚諺說：「姑娘要浪，小子要闖」，這「浪」，就是說風情萬種，敢愛敢恨也。陳達儒寫的詞說：「伊又講阮，生成愛嬌，生做真活動」，爲了配合韻腳，不寫「活潑」，而用更活跳跳的「活動」這兩個字，反更能顯現出風情萬千的女子那種流秋秋的韻味呢！

3 那、干那：借音字，正寫為「若」、「反若」：「親像」，好像之意。

番仔上天——裝狷的

【俗諺輕鬆講】

番仔，此處指西洋人；上，音ㄐㄧㄨˋ，音同「癢」，「就」也。

此諺暗諷受騙、上當之意。

【故事說從頭】

每年「元宵節」時，台北平溪鄉的「放天燈」，已成爲當地極具特色的民俗活動。其實，「放天燈」並不只平溪才有，早在清代時，很多地方都有這樣的活動，它是利用煤油燈燃燒後，產生之氫氣，將布球升上空，俗稱「孔明燈」。後來，因爲常常在墜下來後，燒毀人家的茅房，日本時代便被禁止了。

在日人入台後的第二年，歐美正風行載人的「氫氣球」。有個英國人也弄了一個氫氣球，想來台灣撈一票，便大肆宣傳，氣球能載人上天，並向各舖戶收取票價。於是，人人都好奇的想一睹「生目睭不曾看過的番仔上天」的大代誌。

當天，就在台北「河溝頭」（今鄭州路「鐵路局」一帶）的曠地上，由幾個人抬出一個大布球，形狀就像現在看到的那種「熱氣球」，下頭吊了一個坐籃，充滿氫氣，等人坐妥後再放開，讓它冉冉上昇。

可是昇沒多高，就把氣給放了，便墜了下來。前後不過幾十分鐘。

圍觀的好奇者，人人大呼上當，這是台灣第一次玩「熱氣球」活動。

大家都說：「番仔上天，裝猐的！」*

閩南語「妝猐吔」原指「打扮成猐仔」唬弄人之意，此處「裝」與「妝」同音，故成此諺。

▲上天一定會飛的「老母機」。（卓宜斌攝）

*猐的：瘋子，閩南語叫「猐的」。「裝猐的」，即「裝瘋賣傻」、「整人」之意。現在的年輕人則故意將之寫成「莊孝維」。

第一賣冰，第二醫生，第三腳梢間

【俗諺輕鬆講】

腳梢，音ㄎㄚˉ ㄙㄨㄠ，劣等之意，原是一句「番語」，用來形容作事笨手笨腳，就可稱之「低路」、「腳梢」[1]；「腳梢間」，指土娼寮，這裏泛裏「風月產業」。

這是流行於日據與光復初期的一句俗話，說的是一般人眼中最好賺的三大行業。

【故事說從頭】

台灣地處亞熱帶氣候，炎炎夏日來碗涼涼的冰品，可是極大的享受。但台灣要到日據時期，才出現製冰廠。

製冰廠乃以自來水冷凍成大冰塊，而後用鋸子鋸成小塊賣出，除做成食堂保存食物用外，還可以賣給「冰果室」，用刨冰機刨成冰絲的「剉冰」，澆上糖水出售，那可是當年最叫座的消夏涼品。

而後又出現以一枝竹棍一起製成冰棒的「枝仔冰」，當年小販背著冰桶，沿街叫賣：「枝仔冰，涼的枝仔冰——」的景象，可是三、四年級生們共同的美好回憶呢？

由於這些冰都是用「水道水」[2]製成的，在一般人眼中簡直是無本生意，所以才流傳著一句話說：「有影嘩水會堅凍，水道水擱呵賣有錢」[3]。

1 腳，任何人看了這個字，就曉得其意其音，可現代「倉頡派」作家偏要寫成捽跤的「跤」（動詞），後覺不妥，又創造出一個「骹」，（大概當時正在看骷髏片）語言文字是與時俱進的，食古不化，故作博學狀皆不足取，許極燉教授說：「語言文字並非學者專家研究可定於一尊，毋寧是社會上慣用通行，才容易被認同。」所以將厝寫成「茨」，將查甫、查某寫成「諸夫」、「諸婦」等皆不可取也。

2 水道水：以前台人飲用水皆由「古井」打上來的，而自來水則是從水管裏流出來，故曰：「水道水」。

製冰廠要電、要設備，要人力成本、可不是隨隨便便「嘩」出來的，一般百姓可不這麼想，因此將它列入「好趁」第一名。

日人統治台灣，推行全民教育，目的當然是遂行其「同化政策」。但也使得台灣的文盲日漸減少。

可是台籍學生卻被排除政治、法律等思想性的教育之外，只能上師範、農業，和醫學等技術性的學校。

而當時最最上選的便是醫學院，「卒業」生回鄉開起「醫生館」，不只社會地位高，收入也多，還是當年婚姻市場上的「搶手貨」呢。

▲彰化自來水廠的「不老泉」古蹟。（陳華民攝）

3 有影：「真的是……」之意；嘩：吆喝之意，這裏指道士作法大喝一聲，就把水變成冰了。擱呵：擬音字，「竟然能……」之意。

至於「腳梢間」則是泛指情色產業，在一般人的眼中，它跟賣冰同屬「免本」的「好趁」生意，從古至今，也沒冷過，批評歸批評，卻不能不承認事實就是如此。

隨著社會不斷變化，如今已大大不同了。

拿大陸七〇年代一句順口溜：「職業三大寶：醫生、司機、豬肉佬」來看，所謂「好趁的事頭[4]」確然隨著時代不同而有所改變的。

4 事頭：音c'i t'au，工作、職業之意。

任你粧，也是赤崁糖

【俗諺輕鬆講】

粧，指「梳粧打扮」；赤崁糖，即「黑糖」。

這是一句流行於南台灣的俗諺，用來嘲弄女子，「醜人多作怪」之行爲。也可說成：「二四粧，也是赤崁糖！」二四，概言「多」也。

【故事說從頭】

赤坎村，在高雄縣梓官鄉蚵仔寮港溪口，此地早前以出產「烏糖」出名。

南台灣日頭大，地近熱帶，勤奮的鄉下女子常在田野工作，因此，大都皮膚黝黑，儘管黑中帶俏，愛美乃天性，她們到城裡玩時，自然也會抹粉打扮，可是黑就是黑，怎麼粧、怎麼抹，依然掩飾不了那股土味，反而弄巧成拙，益顯其俗。

因此，城裡人便拿「赤崁糖」來與之類比，而有了這句俗語話。

同樣的意思，另有說成：「較刷也是雞母毛*，較粧也是赤崁糖」，都是嘲弄女子，「醜人多作怪」也。

*較，音Ka；刷，音「ㄕㄨㄟ」；毛，音「ㄇㄣˊ」。也，漳音ㄧㄚˇ，泉音·ㄇㄚ。

噴鼓吹送契兄

【俗諺輕鬆講】

鼓吹，即嗩吶，噴鼓吹，就是「吹嗩吶」；契兄，「粉頭、伙計」也。此諺是譏人戴了綠帽子猶不自知也。

【故事說從頭】

清代府城有一鼓吹店，店主以吹嗩吶為業，其妻生性淫蕩，不安於室，到處招蜂引蝶，常趁其夫不在時，將契兄伙計帶回家幽會。

有一次，其夫臨時有事，突然返家，這對野男女正打得火熱，契兄一時不知所措，那婦人卻不慌不忙的囑契兄藏在門後，並告訴他：「待會兒，你一聽到鼓吹聲，趕快溜出門。」

說完，開門引其夫入，並對他說：「我聽人家說，若將兩眼矇住，鼓吹怎麼噴，都不響，有這款代誌否？」

「豈有此理，誰在胡說？」其夫說：「妳把我眼睛矇起來，我吹給妳聽！」

婦人乃矇住其雙眼，噴鼓吹者用力一吹，滴滴答答的響起樂音來，躲在門後的契兄便趁機溜出去了。

這件豔聞傳出後，府城人便有了「噴鼓吹，送契兄」的笑譚，而該婦之豔名亦傳遍全城。聽說，後來又「結著」[1]一美少年，叫洪阿棟，可憐的棟兄，經不住她的縱慾摧殘，終於得了色癆而死。

後來，府城人每碰到倒楣麻煩的事情，便稱「害棟棟」[2]！就是從這淫婦之故事而來。

▲聲音高亢的嗩吶，是慶典上不可或缺的主角。

1 結著：男女交往，以非常手段得之，猶今黑話之「把」馬子，或「罩」凱子之類。

2 害棟棟：猶言「糟糕透頂」，有些地方叫「害了了（ㄌㄧㄠˋ）」，或「害紐紐（ㄌㄧㄨˋ）」等，皆屬地域性之「話母」。

新騙叔仔無法度

【俗諺輕鬆講】

新騙叔，人名，日據時台南西竹圍保正；無法度，就是沒辦法的意思。

「無法度」本是新騙叔仔之「口頭禪」，最後引申為台南人對無法解決之事情的「話母」，連句成：「新騙叔仔無法度！」

【故事說從頭】

日本時代，台南嶽帝廟東邊有一間「阿片煙館」[1]，這煙館老闆，人稱「新騙叔」，新騙叔在西竹圍派出所當保正。

日人為攏絡台人，常將地方頭人以保正任用，並許以賣鴉片之許可證。

新騙叔人長得瘦瘦的，文學涵養很好，口才亦佳，地方上有任何大小事，都找他當「公親」，出面調解。

當然，有些人明理好說話，調解容易，若碰到「鐵齒」兼「橫柴夯入灶」[2]，不但不講理又「番顛」[3]，新騙叔一生氣，口頭禪即出：「無法度，無法度，無法度啦！」

「無法度」的意思是沒辦法講理，他不管了，最後竟成了府城人的笑譚，且引申為「新騙叔仔無法度」之諺了。

1 阿片：鴉片，日文寫成「阿片」。

2 橫柴夯入灶：燒灶之柴，當然須直直送入，因灶口小也，然硬要木柴橫著送入，自然放不進去，此言「直到膾曉扒癢」，不通情理也。

3 番顛：閩南語稱人野蠻不講理，叫「番顛」。番，指「生番」，顛，乃「九怪」，即「生番」又九怪，實在蠻橫得很。所以有些固執又自以為是的老頭，便被稱作「老番顛」。

同樣以人之異行話母爲諺語者，中部地區尚有一句：

石火仔唱歌——煩惱擱再煩惱

「石火仔」這個人，平常有事沒事，嘴裏常哼哼呵呵的「唸歌拉曲」，可唱來唱去永遠是那句：「煩惱擱再煩惱」，煩惱個沒完沒了，遂引以爲笑譚，而有此諺。

▲唱起歌來煩惱個沒完沒了的石火仔。（陳華民畫／水彩＋色鉛筆）

輸人不輸陣，輸陣生銹面

【俗諺輕鬆講】

陣，指迎神廟會時之各種陣頭，如獅陣、詩藝閣、子弟陣、宋江陣等；生銹面，指面子掛不住，敗得灰頭土臉也。

這句俗諺，原先說成：「輸人不輸陣，輸陣蘭鳥仔面」，「蘭鳥仔」爲「男性生殖器」之閩南語俗字，由於太粗俗，所以改成「生銹面」；不過兩則皆通用。輸得不太慘就說「生銹面」，輸得實在離譜，一肚子氣上衝，自然脫口而出：「蘭鳥仔面」了！

【故事說從頭】

台灣廟多，是一奇；台灣神明之多，又一奇；而迎神賽會的拚鬥更令人嘆爲觀止。獅陣、宋江陣是武鬥；詩藝閣、子弟陣，是文鬥。武鬥比功夫；文鬥卻是競誇財富。

現代人稱有錢又愛亂花錢者叫「凱子」；日本時代叫「罔仔」[1]，清代時則稱「子弟」。因爲各種演劇、戲曲團體背後皆有財主撐腰，這是需要花錢的娛樂，所以叫「子弟戲」。迎神賽會時出陣鬥熱鬧，就叫「子弟陣」了。

「子弟戲」原先是有錢、有閒人家的「休閒娛樂」，組個樂曲團體以比賽演唱爲宗

1 罔仔，為日語「坊」之閩南語土字，日語少爺叫「坊ちゃん」音Mon Chan。

旨，後來加入廟會陣頭，便慢慢變質了。

由於「子弟戲」背後的支持者皆爲地方豪富，出陣時，旗幟從紡綢進而繡織，從小而大，甚至大到一兩丈，需用數人方能扛之以行。

於是乎，在「輸人不輸陣」的鐵則下，旗幟發展到用銀線、金線織繡，進而以量取勝，動輒數十旗幟出陣，加上椰弦、嗩吶，滴滴答答的，荒腔走板到不以藝爲宗，而以競奢爲旨了。

以台北地區爲例，計有靈安社、共樂軒、平安樂社、德樂軒等，好不熱鬧。

而彰化更有「城外四大館，城內四大館」之諺。城外四大館，指祖廟仔「慶樂軒」，市仔尾「景樂軒」，中街仔「樂昇平」，北門口「聚采軒」；城內四大館，指東門「集樂軒」，西門「月華閣」，南門「梨春園」，北門「澤如齋」等。

子弟陣的拚鬥，其實是地方豪富暗中角力的具象。

以台中清水爲例，清水原稱「牛罵頭」[2]。蔡、楊爲地方兩大姓，牛罵頭東堡爲蔡家勢力區，屬「觀音亭」祭祀圈，設「同樂軒」子弟戲；西堡爲楊家的地盤，設「仙霓園」。每次賽會，清水人稱之爲「軒園拚」。

這種子弟陣的拚鬥，從清代到日據，演變到現在的「地方選舉」，那種「輸人不輸陣」的「移民根性」好像永遠改不了，不管是「歹看面」、「生銹面」，還是「蘭鳥仔面」[3]，其實，都是台灣人「好鬥」的具體顯像！

2 牛罵頭：雍正末年，漢人入墾此地時，以平埔族之「Guma社」，稱為「牛罵新庄」，嗣後人口漸多已成街肆，乾隆二十九年（一七六四年）《續修台灣府志》稱其為「牛罵街」；雍正十年（一七三二年）平「大甲番」，清政府一廂情願地改此地為「感恩社」，但一般人還是稱其為「牛罵頭」。一九二〇年，日人將其改名「清水」。

3 「蘭鳥仔」，有寫成「卵鳥仔」，或「爛鳥仔」，即「屌」也。正寫為「羼鳥仔」。「蘭鳥仔」乃今之網文，今從俗。

金門城的肉豆——厚莢擱雜摻

【俗諺輕鬆講】

金門城：在金門的金城鎮西南，今稱「舊城」，乃明代時之千戶所。金門城現在已圮，城牆上長有一種被稱爲「肉豆」的豆類植物，它的特色是豆莢累累，又多又雜，故曰：「厚莢又雜摻」。

厚，音ㄍㄠˇ，多也；莢，音ngeh；厚莢，猶言「碎碎唸」。摻：音ts'a^{t}，攪和之意，雜摻，是說什麼事都要參上一腳，提出意見。

這句話是用來形容強勢的女人，意見多，樣樣管，兼又嘮叨個不停。

【故事說從頭】

金門城的「肉豆」乃野生植物，奇怪的是它只長在金門城上，其他地方從未見過。金門城的肉豆外形較荷蘭豆肥短，有灰白的細毛，炒土仁麩即可食用。它在生長期，豆莢累累，加上枝椏又雜又亂，才會被說成「厚莢擱雜摻」。

同樣指「雜摻」，這句話也很好玩：

藥房的甘草——雜摻

甘草藥性溫和，主要功能是解毒祛痰，各症藥單常會加入這一味，所以才被目爲

「雜摻」。

「雜摻」是行動的，另有一種只出嘴巴的叫「雜唸」，現代年輕人說的「碎碎唸」，這句最有名了：

澎湖菜瓜——雜唸

澎湖的絲瓜怎會跟女人的嘮叨扯上關係呢？原來絲瓜有兩種：本島產的屬圓筒型，而澎湖產的則屬棍棒型的稜角絲瓜，外表有很清楚的硬稜線，共十條，故曰：「十稜」，澎湖腔「十稜」音同「雜唸」*而有此諺。

不管是「厚莢」的肉豆，還是「雜唸」的菜瓜，都是桌上之美味佳肴，一樣「歐伊西」呢！

▲不論肉豆或菜瓜，都能作成美味的佳肴。（唐昀萱攝）

＊澎湖人說的是廈門口音，「稜」，音ㄌㄧㄥˊ，屬拉唇音，廈音發不出，而說成Liam。有人將之寫成「十稔」，應該是借音吧，但意思卻不對了。

觀音亭佛祖，恬恬興

【俗諺輕鬆講】

觀音亭：指奉祀觀世音菩薩的寺廟；恬恬：唸時要加個尾音「啊」，唸成Diam-diam-a，靜靜地，緩緩的之意；興：興旺，這裏指寺廟受到重視，增多信徒。

【故事說從頭】

台灣是個移民社會，先民渡海來台時，都會向原鄉的廟宇求得一尊神像，陪同搭船，以保佑一路平安，等在新墾地安頓下來後，這尊神像便由各戶輪流供奉，俟有能力時，便集資建廟祀奉，以佑桑梓。

因此，我們可以從一個市鎮上最古老的宮廟所供奉之神明，得知該地居民來自大陸何處，大致情形如下：

天上聖母（林默娘）——泉州府

保生大帝（醫神「大道公」吳本）——同安縣

廣澤尊王（「郭聖王」郭洪福）——南安縣

臨水夫人（陳靖姑）——泉州、福州

保儀尊王（唐名將許遠）——安溪縣

清水祖師（宋代和尚陳應）——安溪、永春

法主公——安溪縣

開漳聖王（陳元光）——漳州府

定光佛（宋同安籍和尚鄭自巖）——汀州府

三山國王（有些地方訛傳成「三仙國王」）——粵籍客家人

除了崇祀地方神祇外，台人還拜瘟神、邪神、陰神，以及各行各業的職工神。

台人習自閩南習俗，在秋收春耕前，會舉行祭神活動，在廟前設醮大拜拜，屆時神輿巡境，鼓樂齊鳴，陣頭抬閣等儀式，熱熱鬧鬧，終月方休。

而迎神賽會也往往演變成各族姓，或地方角頭的拚鬥。

以台北「文山區」的「保儀尊王」爲例：安溪大平的高、張、林三姓族人，在乾隆末年由原鄉來台，沿景美溪上溯，在今景美的「溪仔口」上岸，拓墾斯土，而後再往景美、木柵方向遷移。

這期間三姓原合祀原鄉的保儀大夫，後因各自發展，乃拈鬮分祀，高姓乃在筧尾建「集應廟」，張姓另在木柵建「保儀尊王廟」，自此，兩姓間便不斷的相互拚場較勁。

拿日據大正五年來說，集應廟不但舉辦大豬公比賽，繞境活動還從北投，經八甲町、古亭庄、公館，一路熱熱鬧鬧回到景尾，並且席開二百多桌，萬人同時吃吃喝喝，極盡豪奢之能事。

兩姓間如此拚場，實在勞民傷財，最後由舉人高選鋒出面調解，方停止這種無止境的花費。

相對於平民百姓的地方宮廟，清代時尚有一些「官廟」，包括文、武廟，府、縣所在地的「城隍廟」，以及被稱爲「觀音亭」的觀世音佛寺。還有如今已見不到的社稷壇、風雲雷雨山川壇、先農壇，及祭祀名宦、劫難名將、鄉賢、烈女節婦的名宦祠、昭忠祠、鄉賢祠、節孝祠等，皆屬官方祠廟。

清代因規定文官須遠離本籍地五百里外任職，故台地大大小小官員皆來自內地，爲了保佑地方綏靖，仕事順利，所以只要有「分縣」（縣丞）以上的地方，都會有一座由縣太爺倡建的「觀音亭」，奉祀的是中原神祇——觀音菩薩。

以彰化爲例，它是在雍正元年，自原諸羅縣分出，首任知縣談經正上任，便在南門內建了彰化第一座寺廟「開化寺」，主祀觀世音菩薩[1]。

清代的官員還有一個習慣：建山亭，鎮龍脈[2]。

▲彰化市區的「觀音亭」開化寺。（陳華民攝）

1 開化寺位在彰化市中心，中華路與民族路交叉之丁字路口上，附近一帶便被稱做「觀音亭」。各地之觀音亭尚有一共通的特色，皆座落在「丁字」路口上。

2 建山亭鎮龍脈非只台地有，大陸各地亦有同樣情況。民間還流傳有「楊本縣敗地理」的傳說，演義的是彰化知縣楊桂森到處破壞地理的故事。

當官的最怕地方出亂子，事件若鬧大了，不只烏紗帽不保，搞不好還得人頭落地呢！

所以他們上任後，常會請勘輿師找出地方上的龍脈，而後在龍頭處蓋一座山亭，將祂鎮住。彰化縣城東方的八卦山山頭，從最初的「望寮亭」，到後來的「八角亭」，皆是如此[3]。

由於「觀音亭」屬半官方性質，自然不能學地方百姓大肆鋪張，搞迎神繞境的活動，而早前台地佛教並不那麼興盛，因此參拜的人也少，但隨著信仰的多元化，如今拜佛吃齋的人多了，這些早前由官方捐建的「觀音亭」，也有了不同的面貌，增多了信徒，所以說祂「恬恬仔興」。

這句俗諺也可以用來形容一個人，個性不張揚，不誇飾，不光做表面文章，安份守己，默默工作，自然會受到別人的尊重與讚美。

3 彰化的「八卦山」，最早因山上有座「望寮」，故稱「望寮山」，雍正十年（一七三二），巡道倪象愷因平大甲番社之亂，乃在山上建「鎮番亭」以志，並將這座山命名「定軍山」。台人稱四角亭叫「四腳亭」，六角亭叫「六腳亭」，而八角亭子，則稱之為「八卦亭」，因此，民間依習慣，以山上這座八角亭標地物，稱此山為「八卦亭山」，由於「亭」這個音，在此顯得拗口且多餘，最後將它省掉，直接說成「八卦山」了。小日本佔領台灣後，將亭子拆了，樹立起雙手沾滿台人鮮血的劊子手「北白川宮」的紀念碑，光復後被人拆除，如今上頭是一座名聞遐邇的大佛像。

參考書目及部分圖片來源

《台北風物》
民國五十七年七月～六十四年十二月
《台北文物》①～㊿期
台北市文物委員會發行
《台灣文獻》
台灣省文獻委員發行
《台灣風物》
台灣風物社
《台南市鄉土史料》
民國八十三年十二月　台灣省文獻委員會出版
《台中縣鄉土史料》
民國八十三年十二月　台灣省文獻委員會出版
《基隆市鄉土史料》
民國八十三年十二月　台灣省文獻委員會出版
《百年見聞肚皮集》
民國八十三年六月　恠我氏著　新竹文化中心出版
《一生懸命（竹塹耆老講古）》
民國八十四年六月　新竹文化中心出版
《台灣開發史研究》
民國七十八年十二月　尹章義著　聯經出版公司印行
《台灣史》上、下冊
民國七十四年九月　戚嘉林著　作者自版
《台灣通史》
民國七十七年十月　連橫著　幼獅文化公司出版
《台灣人物叢譚》第一冊
民國六十七年四月　陳運棟著　七燈出版社出版
《話說人物》
昆國五十七年十月　婁子匡著　正中書局發行
《什錦台灣話》
民國八十五年七月　曹銘宗編著　聯經出版公司發行

《閩南語文教材彙編》
民國八十三年一月，彰化社教館編印
《浯鄉俗諺風華》
民國九十六年十月　許丕華著　金門縣文化局發行
《中國風土諺語釋說》
朱介凡　著
《老百姓的智慧》
民國八十九年四月　李玠編著　麥田出版社發行
《閩南話考證》
民國七十九年四月　黃敬安著　文史哲出版社發行
《台北老街》
民國八十年七月　莊永明著　時報文化公司發行
《蓬壺擷勝錄》上、下冊
民國六十一年二月　林藜著　自立晚報社印行
《台灣地名研究》
一九八七年中文重刊本　安倍明義著　武陵出版社
《台灣歷史年表》
民國七十七年六月　楊碧川著　自立晚報出版部發行
《閩南人》
民國七十三年十月　林再復著　作者自版
《台灣慣習記事》①～⑦卷
明治三十四年一月～明治四〇年八月　台灣總督府民政部法務課構內台灣慣習研究會發行
《台灣史料集成》
昭和六年十二月　台南市役所刊行
《史蹟調查報告②》
昭和十一年七月　台灣總督府內務局刊行
《台灣列紳傳》
大正五年六月　台灣總督府刊行
《台北市概況》
昭和十七年十一月　台北市役所刊行
《風俗畫報臨時增刊・台灣征討圖繪》
明治二十八年八月　東陽堂發行
《風月》報
昭和十年　風月俱樂部發行

國家圖書館出版品預行編目資料

悅讀台灣俗諺 / 陳華民作. -- 初版. --臺北市：台灣書房, 2011.12
面；　公分. --(閱讀台灣)

ISBN 978-986-6318-56-6 (平裝)

1.俗語　2.諺語　3.臺語
539.6　　100023208

閱讀台灣　8V17

悅讀台灣俗諺

作　　者　陳華民(258.8)
主　　編　Meichiao
編　　輯　蔡明慧
封面設計　鄭依依

發 行 人　楊榮川
出 版 者　台灣書房出版有限公司
地　　址　台北市和平東路２段３３９號４樓
電　　話　０２－２７０５５０６６
傳　　真　０２－２７０６６１００
郵政劃撥　１８８１３８９１
網　　址　http://www.wunan.com.tw
電子郵件　tcp@wunan.com.tw
總 經 銷　朝日文化事業有限公司
地　　址　新北市中和區橋安街１５巷１號７樓
電　　話　０２－２２４９７７１４
傳　　真　０２－２２４９８７１５

顧　　問　元貞聯合法律事務所　張澤平律師

出版日期　2011年12月 初版一刷
定　　價　新台幣250元整

台灣書房

台灣書房